고조선 초기의 채색질그릇(요령성 하가점 하층문화)

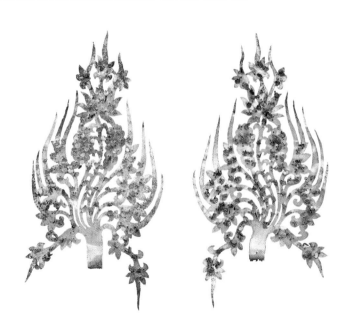

금제관 장식(백제 무령왕릉 출토. 좌: 왕관, 우: 왕비관. 국립공주박물관)

황남대총 금관(국립중앙박물관)   황남대총 북분 금제 허리띠(국립중앙박물관)

황남대총 전경

가야 유물(경상북도 고령군 지산동 32호 무덤 출토. 좌: 금관. 우: 투구와 갑옷. 고령군)

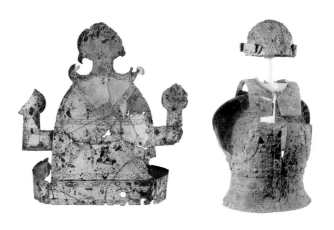

위: 고령군 지산동 고분군 전경   아래: 고령군 지산동 32~35호분 발굴 현장(문화재청)

역포사람 복원상(평양시 역포구역 대현동 동굴 유적. 『조선유적유물도감』)

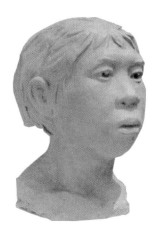

승리산사람 복원상(평안남도 덕천시 승리산 유적.
『조선유적유물도감』)

만달사람 복원상(평양시 승호구역 만달리 유적. 『조선유적유물도감』)

주먹도끼와 박편도끼(연천군)

부락사회의 움집 복원(강동구)

새김무늬질그릇(서포항 유적 출토)

새김무늬질그릇(암사동 유적 출토)

타래무늬질그릇(서포항 유적 출토)

조각품(서포항 유적 출토)

탄화된 곡물(지탑리 유적 출토)　　　그물추(평양시 삼석구역 호남리 남경 유적 출토)

가락바퀴(함경북도 경성군 원수대 조개더미 유적 출토)　　　여신 두상(요령성 우하량 유적 출토)

돼지모양 옥장식(우하량 유적 출토)　　　　　뼈피리(서포항 유적 출토)

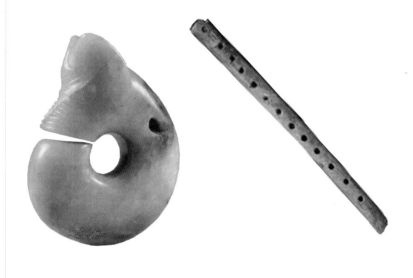

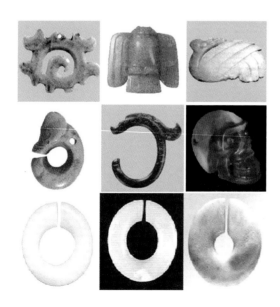

옥기(우하량 유적 출토)

위: 검 및 칼집 부속(대구 비산동 무덤 유적. 삼성미술관 리움)   아래: 청동검(국립경주박물관)

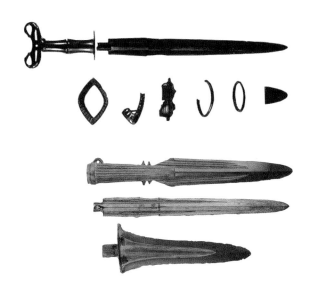

위: 청동기 일괄(국립경주박물관)   아래: 청동 별도끼(황해도 송림시 석탄리 유적 출토)

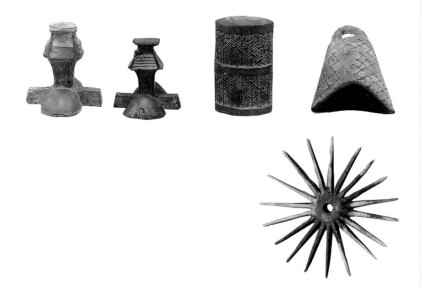

점뼈(무산읍 범의구석유적 청동기층 출토)

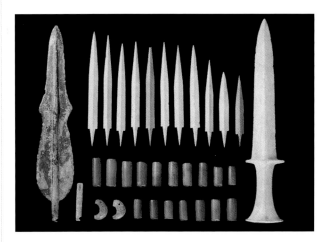

부여 송국리 유적 출토 유물(비파형동검, 마제석검, 마제살촉, 곡옥. 부여군)

고인돌(황해도 은율군 관산리)

완주 갈동 출토 동검동과 거푸집(국립전주박물관)

수레바퀴 조각(평안북도 염주군 주의리 유적 출토)

나무후치(주의리 유적 출토)

세형동검(황해도 재령군 고산리 유적 출토)

청동 도끼(황해도 신계군 정봉리 유적 출토)

수레멍에대(평양시 정백동 출토)

좌: 동모(부산광역시립박물관 복천분관)   우: 쇠뇌(평양시 사동구역 이현리 이현리나무곽무덤 출토)

좌: 부조예군도장(평양시 정백동 1호묘 출토)   우: 구슬(평양시 정백동 3호묘 출토)

용무늬띠고리(평양시 정백동 석암리 9호묘 출토)

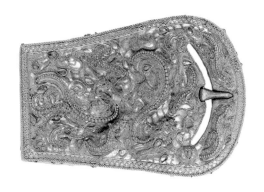

청동 거울(무령왕릉 출토. 국립경주박물관)

농경문 청동기(보물 제1823호, 국립중앙박물관)

좌: 나팔모양청동기(국립부여박물관)   우: 방패형청동기(국립중앙박물관)

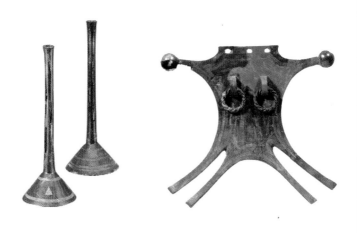

위: 청동팔령구(국립광주박물관)   아래: 세형동검 거푸집(숭실대학교 한국기독교박물관)

광개토왕릉

광개토왕릉비(1930년대, 길림성 집안현)

한국 고대사

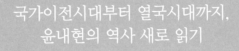

국가이전시대부터 열국시대까지,
윤내현의 역사 새로 읽기

한국 고대사

|만권당|

일찍이 단재(丹齋) 신채호(申采浩) 선생은 "어디 조선에 조선다운 역사가 있단 말인가" 하시면서 교과서를 비판했다. 지금으로부터 100년 전의 일로, 당시 우리나라에는 진정한 사학계라 할 만한 것이 없었다. 우리나라에 근대 사학계가 생긴 것은 나라가 망한 뒤인 일제 시기였다. 일제하의 국사학계는 당연히 일본 중심일 수밖에 없었고, 그 때문에 일제 식민사학의 영향을 크게 받았다.

역사는 늘 새롭게 조명되고 기술되어야 한다고 하지만, 일제 때 받은 상처 때문에라도 우리의 역사는 늘 올바른 역사정신을 바탕으로 서술되어야 한다. 예관(晩觀) 신규식(申圭植) 선생은 한국사에는 한국 혼이 담겨 있어야 한다고 갈파했고, 단재 신채호 선생은 혼이 담긴 역사를 새로운 역사, 즉 '신사(新史)'라 하고, 낡은 역사, 즉 '구사(舊史)'를 통렬히 비난했다.

오늘날에도 여전히 우리 역사에 대해서는 비판정신이 필요하다. 감히 이 책을 '새로운 한국 고대사'라 칭하고자 하는 것은 예관이나 단재 선생의 그 같은 뜻에 부응했다고 자부해서가 아니라, 조금이라도 부응했으면 하는 소망에서다. 따라서 새롭고 새롭지 않은 것은 독자의 판단에 달려 있다 할 것이다.

이 책이 나오기까지 많은 분들의 성원과 도움을 받았다. 그분들에게 심심한 사의를 표하며, 특히 한가람역사문화연구소 이덕일 소장에게 감사의 인사를 드리고 싶다.

차례

제1부

국가이전시대

국가이전시대란 국가가 출현하기 이전의 사회 단계를 말한다. 이 시대를 흔히 선사시대나 원시시대라고 하는데, 그것은 적합하지 않다. 선사시대란 당시의 기록이 남아 있지 않은 시대를 말하고, 이와 대응되는 역사시대란 당시의 기록이 남아 있는 시대를 말한다. 사회 수준이나 문화 수준이 매우 높은 단계에 도달한 사회라 하더라도, 어떤 이유에서든 당시의 기록이 지금까지 전하지 않으면 그 시대는 선사시대가 된다.

따라서 선사시대라는 말은 당시의 사회 수준이나 문화 수준을 기준으로 시대를 구분한 용어가 아니다. 당시의 기록이 남아 있는가 그렇지 않은가가 기준이 된다. 그렇기 때문에 선사시대나 역사시대라는 말은 시대를 구분하는 보편성을 지닌 용어로는 적합하지 않다.

원시시대라는 용어는 '미개한 시대'라는 의미를 가지고 있는데, 인류의 초기 사회에 대해 그 시대 나름의 사회적·문화적 특성이나 가치를 인정하지 않고 미개하다고 평가해버려도 좋을 것인지 생각해볼 필요가 있다. 따라서 원시시대라는 용어도 적합하지 않다. 그러므로 필자는 국가가 출현하기 이전의 인류 초기 사회에 대해 선사시대나 원시시대라는 용어 대신 '국가이전시대'라는 용어를 사용해 한민족이 국가를 세우기 이전에 어떠한 사회 변화를 겪었는지 서술하고자 한다.

국가이전시대는 무리사회, 마을사회, 마을연맹체사회, 세 단계로 나뉜다. 일반적으로 국가이전시대를 구석기시대와 신석기시대로 나누어 서술하는데, 이러한 구분도 적합하지 않다. 구석기시대나 신석기시대라는 명칭은 사람들이 사용한 도구를 기준으로 시대를 구분한 용어다. 역사의 주체는 사람이다. 그러므로 사람들이 사용 했던 도구가 주체일 수는 없다. 구석기시대나 신석기시대라는 용어는 사람들이 남긴 유적과 유물을 다루는 고고학의 시대 구분 용어로는 적합하겠지만, 사람이 주체인 역사의 시대 구분 용어로는 적합하지 않다. 역사의 시대 구분 용어는 그 주체인 사람들의 집합체, 즉 사회의 특징을 기준으로 해야 한다. 필자가 국가이전 시대를 무리사회, 마을사회, 마을연맹체사회로 서술한 까닭이 여기에 있다.

국가이전시대는 적어도 다음 세 가지 점에서 매우 중요한 의미를 갖는다. 첫째, 국가이전시대는 국가가 출현한 이후의 시대보다 훨씬 길다. 국가가 출현한 것은 불과 4~5천 년 전인데, 인류가 한 민족의 활동 지역인 한반도와 만주 지역에 거주하기 시작한 것은 70만 년 이전으로 거슬러 올라간다. 둘째, 이 기간에 인류사회의 기본적인 변화가 일어났다. 인류사회는 마을연맹체사회 단계에 들어서면서 재산사유제가 출현하고 추장을 중심으로 한 정치권력이 등장해 빈부의 차이와 사회 신분의 분화가 일어나 이전의 평등사회로부터 불평등사회로 변하게 되었다. 이러한 사회 변화는 인류의 역사에서 매우 중요한 의미를 갖는다. 셋째, 국가이전시대는 한반도와 만주 지역 거주민들이 한민족을 형성하기 이전에 겪었던 역사적 체험으로서 한민족 사회와 문화의 기초가 되었다. 그것은 초기 인류사회 발전 과정의 보편적 모형 가운데 하나의 유형이기도 하다.

제1장
무리사회

무리사회의 성격

무리사회[군(群)사회 또는 군집(群集)사회]란 인류사회의 최초 단계로, 사람들이 아직 정착 생활에 들어가지 못하고 이동 생활을 하던 시기를 말한다. 무리사회의 이동 집단은 혈연 집단으로, 보통 수십 명(약 30~100명) 정도였을 것으로 추정된다. 오늘날의 개념으로 말한다면 대가족 또는 서로 관계가 있는 몇 개의 가족이 모인 집단이었던 것이다. 이들은 무리사회 후기에 이르면 그 수가 늘어나 씨족을 형성하게 된다. 그러므로 학자에 따라서는 무리사회 초기를 '원시무리기', 후기를 '씨족무리기'라 부르기도 한다.

무리사회는 사회 성격 면에서 볼 때 완전한 평등사회로, 구성원들 사이에 정치적인 신분이나 경제적인 빈부의 차이가 존재하지 않았다. 그들은 사냥(狩獵), 고기잡이(漁獵), 그러모으기(採集) 등의 경제생활을 했으며, 돌·나무·뼈·뿔 등을 조잡하게 가공한 공구를 사용했다. 그 가운데 돌을 가공한 석기가 주류를 이루었는데, 이 시기의 석기는 돌을 떼어서 만든 뗀석기(打製石器)였다. 이와 같이 석기의 제작 기술이 조잡했던 것에 근거해 고고학자들은 이 시대를 구석기시대라 부른다.

무리사회에서 인류가 이동 생활을 했던 것은 당시의 경제생활과 밀접한 관계가 있다. 사냥이나 고기잡이를 하려면 동물이나 물고기를 따라 이동해야 했고, 그러모으기 또한 한 지역에서 식물의 열매나 뿌리 또는 우렁이, 조가비 등 연체동물을 다 채집한 후에는 그것들이 풍부한 다른 지역으로 이동해야 했기 때문이다.

무리사회 전 기간 동안 이동 생활이라는 사회 성격과 사냥, 고기잡이, 그러모으기라는 경제 성격, 뗀석기의 사용이라는 문화 성격은 기본적으로는 변하지 않았다. 그러나 이 기간에 사람의 진화라는 중요한 현상이 일어났으며, 문화도 점진적으로 발전했다.

사람의 진화와 문화의 진전은 병행해서 일어났는데, 고고학자들은 석기 제작 기술의 발달을 기준으로 삼아 '전기 구석기시대', '중기 구석기시대', '후기 구석기시대' 등으로 구분한다. 사람의 진화 단계를 기준으로 보면 곧선사람[호모 에렉투스(Homo erectus), 직립인(直立人) 또는 원인(猿人)], 슬기사람[호모 사피엔스(Homo sapiens), 지인(智人) 또는 고인(古人)], 슬기슬기사람[호모 사피엔스 사피엔스(Homo sapiens sapiens), 진보지인(進步智人) 또는 신지인(新

智人), 신인(新人)]으로 나뉜다. 이 가운데 곧선사람과 슬기사람은 아직 진화 과정에 있었던 사람이고, 슬기슬기사람은 오늘날의 사람과 동일한 수준에 도달한 완전히 진화된 사람으로 현생 인류의 조상이다.

사람의 진화 단계를 고고학 용어와 대비하면, 곧선사람은 전기 구석기시대, 슬기사람은 중기 구석기시대, 슬기슬기사람은 후기 구석기시대에 활동했다.

무리사회의 자연환경

무리사회는 대략 지금으로부터 1만 년 전까지 계속되었다. 무리 사회가 전개되었던 기간은 지질학적으로는 홍적세(洪積世)에 속하는데, 그 기간에 지구에는 다섯 번의 빙하기가 있었다. 유럽에서는 그것을 도나우(Donau), 귄츠(Günz), 민델(Mindel), 리스 (Riss), 뷔름(Würm)이라고 부르는데, 중국의 용천(龍川) · 파양(鄱陽) · 대고(大姑) · 여산(廬山) · 대리(大理) 빙하기가 그것들과 대비된다.[1] 첫 번째 빙하기는 300만 년 전에 시작되었고, 마지막 빙하기는 1만 년 전에 끝났는데, 빙하기와 빙하기 사이에는 기온이 상승해 따뜻한 간빙기가 있었고, 빙하기 중에는 기온이 따뜻한 빙간

---

[1] 윤내현, 『중국의 원시시대』, 단국대학교출판부, 1982, pp. 23 · 128.

기가 있었다. 사람들은 기후가 따뜻한 간빙기에 주로 활동했다.

빙하기에는 기온이 내려가 여러 지역이 얼음으로 덮였다. 한반도와 만주에서는 아직까지 얼음으로 덮였던 흔적을 발견하지 못했지만, 당시에 기온이 내려간 것은 세계적인 현상이었으므로 한반도와 만수 지역도 기온이 많이 내려간 추운 기후였던 것만은 틀림없다. 기후의 변화는 자연환경에 변화를 가져왔다.

지금으로부터 7만 년 전에 시작된 마지막 빙하기인 뷔름 또는 대리 빙하기는 5만 년 전에 기온이 최하로 내려갔다가 4만 년 전에 상승해 따뜻한 기후가 3만 년 전까지 지속되었고, 다시 하강해 약 2만 년 전을 전후로 추위가 정점에 달했다가 1만 년 전에 이르러 따뜻한 기후로 완전히 회복되었다.

이와 비슷한 기후 변화가 홍적세 기간에 계속되었는데, 날씨가 추운 빙하기에는 이전의 툰드라 지역은 얼음으로 덮이고, 남방계의 나무들이 자라던 지역은 툰드라로 변화했으며, 털코끼리(매머드)와 같은 몸집이 큰 북방계의 동물들이 남방으로 이동해 와 살게 되었다. 한편 기후가 따뜻한 간빙기에는 이와 반대의 현상이 일어났다. 한반도의 구석기 유적에서 북방계 동물인 털코끼리와 남방계 동물인 물소의 뼈가 동시에 출토되는 것은 이러한 사실을 뒷받침한다.

그뿐만 아니라 빙하기에는 북극과 남극 주변에 얼음이 많이 얼어 바닷물이 줄어들었다. 그 결과, 해수면이 지금보다 106미터 이상 낮아져 해안선이 바다 쪽으로 크게 후퇴했으며, 수심이 깊지 않은 바다는 육지가 되었다. 대부분의 빙하기에 황해는 육지가 되어 한국과 중국은 완전히 육지로 연접되어 있었으며, 동해도 수심이 깊은 일부를 제외하고는 육지가 되었다.

따라서 빙하기에는 한국과 중국 사이에 사람과 동물의 이동이 매우 자유로웠다. 이러한 자연환경의 무리사회 시기는 사람들이 이동 생활을 하던 단계였을 뿐만 아니라 아직 국경과 같은 경계가 존재하지 않았다. 그러므로 이 시기의 인류와 문화를 이해하는 데 오늘날의 국가 단위를 지리적 범위로 삼는 것은 옳지 않다. 자연환경이 비슷하고 지리적으로 연접되어 있는 동아시아 지역을 하나의 단위로 이해해야 한다. 해수면이 낮아졌던 빙하기에 베링해는 육지가 되었는데, 이 시기에 동아시아인들이 베링해를 건너 알래스카에 이르고 이들이 남하해 미주 원주민들의 조상이 되었다는 사실은 참고가 될 것이다.[2]

무리사회 단계에서는 곧선사람, 슬기사람, 슬기슬기사람의 진화가 있었는데, 이 세 종류의 사람이 조상과 후손이라는 혈연적인 관계에 있었는지 그렇지 않았는지는 아직 확실하지 않다. 이 세 종류의 사람이 부분적으로나마 혈연관계를 가지고 있었으리라 보는 견해와, 전혀 관계가 없는 다른 종류의 사람일 것으로 보는 견해가 대립되어 있는 것이 학계의 현실이다. 그러므로 각 지역에

---

2   Jason W. smith, "The Northeast Asian-Northwest American Microblade Tradition", *Journal of Field Archaeology*, Vol. 1, No. 3/4, 1974, pp. 363~364.

거주했던 곧선사람이나 슬기사람을 현재 그 지역에 거주하는 종족이나 민족의 직계 조상일 것으로 보고 종족이나 민족의 기원을 찾는 것은 위험하다.

동아시아에서는 자바의 응간동(Ngandong)과 산기란(Sangiran) 등에서 175만 년 전의 유적이 발견되었고, 중국에서는 니하만(泥河灣)과 서후도(西侯度) 등 100만 년 이전의 유적이 발견되었으므로 동아시아 지역이 매우 일찍부터 사람이 거주했던 지역 가운데 한 곳이라는 점만은 분명하다.

유전자 분석에 의하면, 진화가 완전히 끝난 단계의 사람인 동아시아의 슬기슬기사람은 오늘날 그 지역에 거주하는 주민과 체질에서 동질성을 보여주고 있어 각 민족의 혈연적 뿌리를 슬기슬기사람까지 올리는 것은 가능하다. 그러나 이 시기에는 아직 정치권이 형성되어 있지 않았고 이동 생활을 하고 있었으므로 그것을 종족이나 민족으로 파악할 수는 없을 것이다.

한반도와 만주 지역 무리사회의 유적

동아시아에 근대적 학문으로서의 고고학이 소개되기 이전에는 동아시아의 모든 민족들이 그들의 상고사를 신화나 전설에 의존했다. 이 점은 한민족도 다를 바 없다. 한민족의 역사는 단군신화(檀君神話)에 나오는 환인(桓因) 이전으로 소급할 수 없었고, 그 연대 또한 막연하게 이해되었다. 그러나 고고학이 진래된 이후 옛 유적이 발견되고 유물이 출토됨에 따라 신화나 전설의 시대는 점차 과학적 연구에 의한 실존의 시대로 교체되었다.

그러나 1960년대 초까지만 해도 한국에는 무리사회가 존재하지 않았던 것으로 이해되었다. 왜냐하면 고고학자들이 한반도에는 구석기 유적이 없다고 믿었기 때문이다. 그렇게 인식하게 된 데는 두 가지의 기본적인 잘못이 있었다.

첫째, 1993년에 두만강 연안인 함경북도 종성의 동관진에서 이미 들소, 털코뿔이, 털코끼리 등의 홍적세 동물 화석과 함께 사람에 의해 가공된 석기, 골각기 등이 발견되어 그곳이 구석기 유적임을 보여주었으나,[3] 학계에서 그것을 적극적으로 수용하지 않았다. 유적 주변에 신석기 유물이 많이 흩어져 있어 그것과 섞였을 가능성이 있으므로 구석기 유적으로 단정할 수 없다는 일부 일본 학자들의 주장이 있었기 때문이다.[4]

둘째, 일찍이 1920년대 초부터 1930년대 초에 걸쳐 중국 하북성(河北省) 주구점[周口店: 지금은 북경시(北京市)에 편입되어 있다]에서 세계적인 북경원인(北京猿人)의 유적이 발굴되었는데도[5] 그곳

---

3 森爲三,「豆滿江沿岸發掘野の洪績期動物化石及人類遺品と認むべきそのに就ご」,『地質學雜誌』42, 日本地質學會, 1935, pp. 364~385.
4 藤田亮策,「朝鮮の石器時代」,『朝鮮考古學硏究』, 高桐書院, 1948.
5 북경원인 유적에 대한 그간의 연구에 대해서는 Kwang-chih Chang, *The Archaeology of Ancient China*, Fourth Edition, Yale University press, 1986, pp. 36~50 참조.

이 중국 영토 내에 있다는 이유 때문에 중국의 유적으로만 소개되었을 뿐 그 유적의 의미를 동아시아 지역에 일찍이 무리사회가 형성되어 있었다는 것으로 확장해 설명하지 못했다. 주구점은 지리적으로 한반도-만주 지역에 형성된 문화권과 황하(黃河) 유역에 형성된 문화권의 경계에 위치하기 때문에 오늘날 국경을 경계로 하여 그 유적을 중국에만 소속시켜 설명하는 것은 옳지 않다. 지난날에는 이 점을 미처 깨닫지 못했던 것이다.

당시 일본 내에서 구석기 유적이 아직 발견되지 않은 상황이었기 때문에 일본 학자들에 의해 의도적으로 무시되었을 가능성을 전혀 배제할 수는 없다. 한국의 구석기 연구는 1960년대까지 기다려야만 했는데, 이유야 어떻든 너무 늦은 감을 떨쳐버릴 수 없다.

1962년부터 다음 해까지 두만강 하구 남쪽 함경북도 옹기군 굴포리에서 후기 구석기 유물층이, 1964년부터 1972년까지 충청남도 공주군 장기면 석장리의 금강 연안에서 구석기 유물층이 조사·발굴됨으로써 한국에서도 구석기문화에 대한 연구가 본격화되었고, 무리사회가 존재했음이 확인되었다.

그간 발굴된 구석기 유적은 한국에는 공주 석장리, 단양 금굴, 상원 검은모루동굴, 덕천 승리산 등을 비롯해 북쪽은 함경북도로부터 남쪽은 제주도에 이르기까지 전국에 널리 분포되어 있으며,[6]

---

6   이융조, 「구석기시대 편년(編年)」, 『한국사론』 12, 국사편찬위원회, 1983, pp. 368~369.

만주에는 요령성(遼寧省)의 금우산(金牛山), 길림성(吉林省)의 주가유방둔(周家油房屯), 흑룡강성(黑龍江省)의 합이빈(哈爾濱) 등 여러 곳이 있다.[7]

이와 같이 한반도와 만주의 전 지역에서 구석기 유적이 발견되는 것은 한반도와 만주의 각 지역에 무리사회가 널리 분포되어 있었음을 보여준다. 위의 유적들 가운데 중요한 곳을 시기별로 나누어보면 다음과 같다.[8]

한반도와 만주 지역에서 발견된 구석기 유적 가운데 가장 연대가 올라가는 곳은 공주 석장리, 단양 금굴, 상원 검은모루동굴 등인데, 이 유적들은 지금으로부터 70만 년 전부터 60만 년 전 사이에 해당하는 것으로(100만 년 전으로 보는 학자도 있다), 제2간빙기(권츠-민델 간빙기, 70~65만 년 전)와 제3빙하기(민델 빙하기, 65~35만 년 전)에 속한다. 그 뒤를 이어 제3간빙기(민델-리스 간빙기, 35~30만 년 전)에 속하는 곳은 검은모루 4층, 석장리 2·3층, 제천 점말동굴 등이 있고, 제4빙하기(리스 빙하기, 35~13만 년 전)에 속하는 곳으로는 용굴 3층, 석장리 4·5·6층, 청원 두루봉동굴 등이 있다. 위의 유적들은 곧선사람들이 남긴 것인데, 고고학적으로는 20만 년 전까지를 '전기 구석기시대'라 한다.

리스 빙하기를 지나 지금으로부터 13만 년 전에 제4간빙기(리

---

7   윤내현, 앞의 책『중국의 원시시대』, pp. 42~108; 譚其驤,『中國歷史地圖集』, 地圖出版社, 1982, pp. 3~6 참조.
8   이 시기 구분은 이융조, 앞의 글「구석기시대 편년」에 따른 것이다.

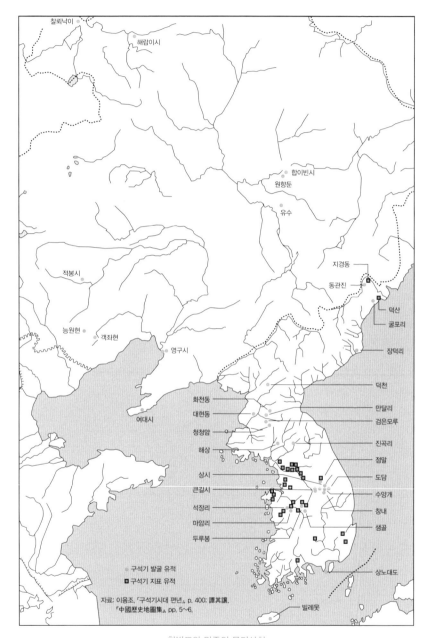

자료: 이융조, 「구석기시대 편년」, p. 400; 譚其驤, 「中國歷史地圖集」, pp. 5~6.

한반도와 만주의 무리사회

스-뷔름 간빙기, 17~13만 년 전)가 시작되는데, 이 시기에는 곧선사람은 자취를 감추고 슬기사람이 나타나 활동했다. 슬기사람은 제4빙하기(뷔름 빙하기)인 5만 년 전까지 활동했다. 이들이 남긴 유적은 연천 전곡리, 석장리 7·8·9층, 용굴 4·5층, 웅기 굴포리 1층, 평양 대현동, 덕천 승리산 5층, 종성 동관진 등이 있다. 평양시 역포구역 대현동에서는 두개골 일부가 출토되었고, 덕천 승리산에서는 어금니 두 개와 어깨뼈 한 개가 출토되었는데, 이 사람들을 출토지의 명칭에 따라 '역포사람', '덕천사람'이라 부른다. 20만 년 전부터 시작되는 이 기간을 고고학적으로는 '중기 구석기시대'라 한다.

지금으로부터 5만 년 전 이후에는 슬기사람이 자취를 감추고 슬기슬기사람이 나타나 활동했다. 이들이 남긴 유적은 대체로 4만 년 전부터 1만 2000년 사이의 것이다. 이 시기에 속하는 유적으로는 용굴 4층, 석장리 10·11·12층 및 집자리, 청원 샘골, 화대 장덕리, 굴포리 2층, 덕천 승리산 상층, 평양 만달리 등이 있다. 덕천 승리산에서는 덕천사람의 유골이 출토된 것보다 위층에서 슬기슬기사람의 아래턱뼈가 출토되었는데, 35세가량의 남자의 것이었다. 이 사람을 '승리산사람'이라 부르며, 이 기간을 고고학적으로는 '후기 구석기시대'라 한다.

만주의 무리사회 유적 가운데 요령성의 금우산, 여대시(旅大市)는 곧선사람 단계, 객좌현(喀左縣) 합자동(鴿子洞)은 슬기사람 단계, 길림성의 주가유방둔, 흑룡강성의 합이빈 등은 슬기슬기사람 단계에 속한다.

이상과 같이 한반도와 만주에는 무리사회 유적이 곧선사람 단계로부터 그 말기인 슬기슬기사람 단계에 이르기까지 시기별로 골고루 분포되어 있다. 이것은 한반도와 만주 지역에 인류 진화 과정의 첫 단계인 곧선사람부터 계속해서 인류가 거주하면서 그 사회와 문화의 진전이 이루어졌음을 보여준다.

무리사회의 문화

무리사회는 인류사회의 첫 단계로, 가장 중요한 것은 이 시기에 사람의 진화가 이루어졌다는 사실이다. 그 첫 단계의 사람인 곧선사람은 원숭이와 비슷한 얼굴 모양을 하고 있어서 상대적으로 머리가 작고 얼굴이 크며 이마는 매우 좁고 뒤로 누워 있으며 눈두덩은 양미간이 붙어 있고 볼록 튀어나와 있었다. 뇌의 용적은 1,000cc 정도였다.

지금까지의 연구에 의하면, 원숭이 가운데 사람과 가장 가까운 두발걸음원숭이[오스트랄로피테쿠스(Australopithecus), 남방고원(南方古猿)]의 뇌 용적은 500cc 정도이고 현대인의 뇌 용적은 1,500cc 내외이므로 뇌의 용적에서도 곧선사람은 원숭이와 현대인 사이에 위치해 있음을 알 수 있다. 곧선사람의 신장은 현대인보다 약간 작아 남자가 155센티미터, 여자는 남자보다 10센티미터 정도 작았을 것으로 추정된다.

슬기사람은 곧선사람보다는 진화되어 있어 이마가 곧선사람에 비해 곧게 서 있으나 현대인보다는 누운 편이어서 경사도가 45도 정도로 활등 모양을 하고 있었고, 눈두덩도 곧선사람보다는 덜하지만 여전히 볼록 튀어나와 현대인과는 달랐다. 슬기사람은 뇌의 용적에서도 곧선사람보다 진화된 면을 보여 보통 1,300cc가 넘는다. 뇌의 용적이 현대인과 거의 같은 사람도 있었다. 이러한 슬기사람 단계를 거쳐 슬기슬기사람 단계에 이르면 외모나 뇌의 용적이 현대인과 동일한 수준에 이르게 된다.

곧선사람으로부터 슬기슬기사람에 이르기까지 무리사회인들의 생활을 보면 사냥, 고기잡이, 그러모으기라는 원시적인 경제생활을 하며 떠돌이 생활을 했기 때문에 생산력이 지극히 낮았고, 곡물 등 생활에 필요한 물자를 저축해둘 수도 없어 재산사유제가 출현하지 않아 빈부의 차이가 있을 수 없었다. 이러한 무리사회의 기초는 혈연 집단인 가족이었고, 아직 정치권력도 출현하지 않은 사회 수준이었다. 무리사회의 지도자는 대체로 경험이 많은 연장자가 맡았지만, 구성원 사이에 사회 신분이나 빈부의 차이가 없는 완전히 평등한 사회였다.

과거에는 흔히 무리사회의 초기 단계에서는 난혼이 행해졌다고 생각했지만, 원숭이류를 통한 근래의 생태학적 연구 결과에 따르면, 근친상간을 피하고 일부일처와 자녀 또는 일부다처와 자녀로 구성된 소수 집단을 형성했으며 원시적인 분업이 행해졌다고 한다.

한반도의 석장리, 두루봉, 창내 등의 유적에서는 슬기슬기사람 단계의 집자리가 발견되었는데,[9] 이것은 이 시기에 자연환경에 따라 거주 형태에 차이가 있었음을 보여준다. 한국을 포함한 동아시아 지역은 동굴이나 암벽이 많아 무리사회 사람들은 대체로 그것을 주거지로 이용했다. 검은모루동굴과 점말동굴이 그 예다.

그러나 동굴이나 암벽이 없는 곳에서는 나름대로 필요한 집을 지어 사용했다. 지금으로부터 약 3만 5000년 전 서아시아와 중부 유럽의 슬기슬기사람들은 그 지역에 동굴이나 암벽 등의 은신처가 없었기 때문에 거대한 털코끼리 뼈와 가죽을 기둥과 지붕으로 이용하고 땅을 파서 만든 이동이 가능한 집을 마련했다.[10] 석장리와 창내의 집자리는 이러한 집과 유사하다.

무리사회 사람들이 사용하던 석기는 주먹도끼, 찍개, 찌르개, 긁개, 밀개, 새기개 등이었는데, 곧선사람으로부터 슬기슬기사람에 이르면서 점차 발달된 면모를 보여준다. 곧선사람이 사용하던 초기의 석기는 조약돌 등의 몸돌을 가장 원초적인 가공 수법인 직접떼기로 한쪽만을 사용하도록 만든 것으로 매우 단순한 것이었으나, 점차 몸돌에서 떼어낸 격지를 사용해 만든 다양한 석기가

---

9 손보기, 「구석기시대의 인종과 주거지」, 『한국사론』 12, pp. 203~207.
10 Brain M. Fagan, *People of the Earth*, 3rd Ed., Little Brown and Co., 1980, p. 110; 이와 같은 주거지는 코스텐키(Kostenki)를 비롯한 여러 주요 유적에서 발견되었다.

출현했다. 석기 가공 기술이 발달함에 따라 지역적인 생활의 차이가 석기에도 반영되었다.

전곡리에서 출토된 것처럼 한반도 중부 지역에서 세모뿔의 큰 석기가 사용되었던 것은 그 지역이 식물의 뿌리를 채집하는 경제가 위주였으므로 땅을 파는 데 필요했기 때문이었을 것으로 생각된다. 반면에 만주 지역의 석기는 대체로 작고 날카로운데, 이것은 그 지역의 생활이 고기잡이나 그러모으기보다는 사냥 위주여서 동물의 가죽을 벗기고 고기를 자르는 데 사용되었기 때문이었을 것이다.

만주 지역의 작은 석기는 중국 북부 변경 지역의 것과 공통성이 있으며, 금굴과 전곡리의 주먹도끼는 비슷한 위도에 있는 황하 중류 유역의 서후도, 남전(藍田), 정촌(丁村) 등에서 출토된 세모뿔 석기와 매우 유사하다.[11] 이것은 자연환경의 차이에 따라 문화에도 차이가 생기기 시작했음을 보여주는 것이다.

지난날 동아시아와 유럽의 구석기를 비교해 인도 동쪽을 경계로 그 서쪽은 몸돌로 만든 주먹도끼 문화가 주류를 이루고, 그 동쪽은 격지를 이용한 찍개 유형이 주류를 이루어 비교적 단조롭다는 가설이 제출된 바 있다.[12] 그런데 근래의 발굴 결과는 한국과

---

11 정영화, 「전곡리 유적」, 『한국 구석기문화 연구』, 한국정신문화연구원, 1981; 윤내현, 앞의 책 『중국의 원시시대』, pp. 44~47, 63~66 참조.

12 Hallam L. Movius, Jr., "Early Man and Pleistocene Stratigraphy in Southern and Eastern Asia", Papers of Peabody Museum, Vol. 19, No. 3,

중국에서도 몸돌을 이용한 주먹도끼 유형이 많이 사용되었고, 결코 단조롭지만은 않았음을 보여주고 있다.[13]

슬기슬기사람 단계에서는 원시신앙과 예술도 싹텄다. 석장리 집자리에서는 고래나 멧돼지 등을 조각한 것, 새나 사슴 등을 새긴 선각화, 돌의 일부를 떼고 선을 새겨 만든 물고기 머리, 개 모양의 석상 등이 발견되었고, 언양군 천전리에서는 바위벽에 찍어서 새긴 쌍을 이룬 순록과 기다란 짐승 그림으로 보이는 것이 발견되었다.[14] 이런 것들은 예술품일 뿐만 아니라 주술적 의미를 지닌 원시신앙과 관계가 있을 것으로 생각된다.

슬기슬기사람 단계에서 미에 대한 의식이 발생한 것은 세계적인 현상이었다. 이탈리아와 프랑스로부터 남부 러시아와 시베리아에 이르는 지역에서는 유방과 성의 상징이 과장되어 묘사된 비너스라 불리는 작은 여인상이 발견되었고, 프랑스 라스코의 소, 말, 사슴, 곰 등의 그림과 스페인 북부 알타미라의 들소 그림은 채색을 한 생동감 있는 것이었다.

지금으로부터 1만 년 전을 전후한 무리사회 말기에 이르면 전 세계적으로 세석기가 보급된다. 이 시기를 고고학에서는 '중석기 시대'라 한다. 세석기는 원래 북부 사냥문화권의 작은 석기가 발전된 것인데, 작고 날카로운 것도 특징이지만, 자루를 사용한 복

　　Harvard University, 1994, p. 3.

13　Kwang-chih Chang, *The Archaeology of Ancient China*, pp. 46~47.

14　손보기, 「구석기시대의 예술과 신앙」, 『한국사론』 12, pp. 224~226.

합공구의 날 부분으로 만들어졌다는 점이 중요한 의미를 지닌다.

이 시기에 사냥문화권의 세석기가 널리 보급된 것은 당시의 기후 변화와 연관이 있었을 것이다. 마지막 빙하기에는 두 번의 큰 추위가 있었고 그 사이에 빙간기가 있었는데, 그러한 기후 변화에 따라 네 번에 걸쳐 사람과 동식물의 큰 이동이 있었다. 이와 같은 사람의 이동을 따라 사냥문화권의 작고 정교하게 만든 세석기 제작 기술이 각 지역에 전파되었던 것이다. 남부의 중석기 유적에서 세석기와 그 지역 전통의 대형 석기가 동반 출토되는 것은 북부에서 전달된 세석기문화와 그 지역의 전통문화가 혼합된 결과인 것이다.[15]

---

15 윤내현, 앞의 책 『중국의 원시시대』, pp. 109~126.

제2장

마을사회

마을사회의 성격

마을사회란 사람들이 정착 생활에 들어가 마을을 이룬 단계를 말한다. 마을을 이룬 집단은 하나의 씨족 또는 통혼 관계 등으로 결합된 몇 개의 씨족으로 구성되었는데, 그 기초 단위는 씨족이었다. 마을사회는 구성원이 혈연 집단이라는 점과 같은 지역에 거주한다는 두 가지 요소를 가지고 있었다.

이 사회 단계를 부족사회라고 부르기도 하는데, 이것은 'tribal society'를 번역한 것이다. 원래 'tribe'에는 같은 곳에 함께 거주하는 혈연 집단이라는 뜻이 있다. 그러나 한국어로 부족이라고 할 경우, 그러한 의미가 쉽게 다가오지 않는다. 오히려 마을이 그러한 뜻은 더 분명하다. 필자가 부족사회라는 용어 대신 마을사회라고 한 까닭이 여기에 있다.

마을사회는 이전의 이동 생활 단계에서 정착 생활 단계로 변화된 사회지만, 평등이라는 사회 성격은 그대로 계승되었다. 그러나 이전의 무리사회보다는 질서가 유지되었으므로 질서 있는 평등사회라고 할 수 있다. 따라서 구성원들 사이에 사회 신분이나 빈부의 차이는 아직 일어나지 않았다. 각 마을은 정치적·사회적으로 독립된 단위였다.[16]

마을사회에서는 농업과 목축의 경제생활을 했고, 돌을 갈아서 만든 간석기(磨製石器)와 돌을 쪼아서 만든 탁제석기(琢製石器) 및 질그릇 등을 생활용구로 사용했다. 이 시기의 주된 석기인 간석기는 이전 무리사회 단계의 뗀석기에 비해 발달한 것이므로 이러한 석기의 차이에 근거해 고고학자들은 이 시대를 '신석기시대'라 부른다.

신석기시대는 사회 성격 면에서 마을사회와 그다음 사회 단계인 마을연맹체사회로 나뉜다. 지역에 따라 다소 다르기는 하지만, 대체로 마을사회는 전기 신석기시대에 해당하고, 마을연맹체사회는 후기 신석기시대에 해당한다.

마을사회 단계에서 인류가 정착 생활에 들어간 것은 농경이라는 경제생활 때문이었다. 농경을 하지 않고 사냥, 고기잡이, 그러

---

16 Kwang-chih Chan, "Shang's Position in evolutionary Schemes", *Shang civilization*, Yale University Press, 1980, pp. 361~364 참조.

모으기라는 이전 단계의 경제생활을 하면서도 마을사회를 이룬 지역이 있지만, 그런 지역은 사냥, 고기잡이, 그러모으기만으로도 한곳에서 계속해서 생활할 수 있도록 자연자원이 풍부해야 한다. 따라서 농경을 하지 않고 마을사회를 이룬 경우는 특수한 예에 속하며, 보편적인 현상은 아니다. 한반도와 만주의 자연환경은 이러한 특수한 예에 속한다고 볼 수 없다. 따라서 한반도와 만주의 마을사회는 농경을 기초로 한 보편적인 유형에 속한다.

마을사회 단계에서는 마을 상호 간에 전쟁이 없이 평화를 유지했고, 전문 기능인도 아직 출현하지 않았으며, 필요에 따라 장거리 교역이 있기는 했지만 조직적인 것은 아니었다. 그리고 이 사회 단계는 대체로 모계사회(母系社會)였다.

자연환경의 변화와 농경의 개시

지금으로부터 1만 년 전 홍적세가 끝나고 현세통(現世統)에 접어들면서 기온이 상승하기 시작했다. 기온의 상승은 계속되어 8000년 전에는 지금과 비슷한 기온에 이르렀고, 5500여 년 전에는 지금보다 섭씨 2.5도쯤 높은 기온에 도달했다. 그 후 기온은 다시 내려가기 시작해 3000년 전에 지금과 같은 기온이 되었다.

이러한 기후의 변화에 따라 해안선에 변화가 일어났다. 8000년 전부터 3000년 전 사이는 기온이 지금보다 높았으므로 북극과 남극에 얼음이 적게 얼어 바닷물이 늘어나 해수면이 높아졌다. 이에 따라 해안선이 지금보다 육지로 깊숙이 들어와 있었다. 전기 신석기시대의 조개무지 유적이 지금의 해안선보다 훨씬 육지로 깊이 들어온 위치에서 발견되는 것은 이러한 이유 때문이다. 그 후 3000년 전에 이르러 지금과 같은 해안선이 형성되었다.

1만 년 전에 기온이 상승하면서 한반도와 만주 지역에는 매우 큰 자연환경의 변화가 일어났다. 첫째, 초원이 사라지고 숲이 울창해졌다. 추운 기후에서 나무가 자라지 않아 초원을 형성하고 있던 지역이 기후가 따뜻해짐에 따라 온난대의 식물이 자라게 되어 숲이 울창해졌다. 둘째, 서식하는 동물들이 교체되었다. 빙하기에는 몸집이 큰 동물들이 살고 있었으나 현세통에 접어들어 기후가 따뜻해짐에 따라 그런 동물들은 추운 기후를 따라 북방으로 이동하거나 멸종되고, 그 대신 노루, 멧돼지, 토끼 등 몸집이 작은 동물들이 등장했다.

이러한 자연환경의 변화는 당시 사람들의 경제생활에 큰 타격을 주었다. 새로 등장한 동물들은 몸집이 작을 뿐만 아니라 매우 날쌨다. 거기에다 여기저기에 숲이 우거져 있으니 몸을 숨기기에 편리했다. 이렇게 되니 사람들은 사냥을 하기가 어려웠다. 사냥을 하기 어려워지니 식료의 원천이 크게 타격을 받게 되었다. 한편, 기후가 따뜻해지면서 출산율이 높아져 인구는 크게 증가했다. 인구는 급격하게 증가하는데 식료의 원천은 크게 타격을 받으니 경제 위기를 맞을 수밖에 없었다.

인구 증가와 식료 원천의 타격에 따른 경제 위기를 극복하기 위해 사람들은 대책을 강구해야 했다. 그 대책으로 출현한 것이 농경이었다. 흔히 농경은 사람의 지혜가 발달함에 따라 자연적으로 발생한 사회 진보의 한 과정으로 생각하는 경향이 있다. 그러나 그렇지 않다.

초기의 농경은 무리사회시대의 사냥보다 훨씬 불안한 모험이었다. 무리사회시대에 살던 동물들은 몸집이 크고 행동이 느려 사냥하기에 어렵지 않았고, 몸집이 큰 동물을 한 마리 잡으면 상당한 기간 식료가 해결되었다. 그러나 초기 농경은 농기구나 기술 면에서 아주 원시적이어서 작물을 꺾어다 심거나 씨를 뿌린 후 그것이 저절로 잘 자라주기만을 기다릴 수밖에 없었다. 그러다가 가뭄이나 폭우와 같은 이상기후라도 맞게 되면 농사를 망치고 마는 것이어서 초기의 농경은 큰 모험과 불안 속에서 행해졌다.

농사가 잘 지어졌다고 하더라도 생산량은 지극히 적었다. 따라서 농경에서의 수확만으로는 식료를 해결할 수 없었다. 그래서 마을사회 단계에서는 농경과 함께 사냥, 고기잡이, 그러모으기의 경제생활도 병행되었다. 농경과 사냥, 고기잡이, 그러모으기의 병행 정도는 지역에 따라 차이가 있었다. 그러한 차이는 각 지역의 자연환경과 관계가 있었다.

지역에 따라 차이가 있었지만, 마을사회 단계 초기에는 상당히 오랫동안 농경보다도 사냥, 고기잡이, 그러모으기가 경제생활에서 더 큰 비중을 차지하고 있었다. 그러므로 신석기 유적에서 사냥,

고기잡이, 그러모으기에 사용된 도구가 많이 출토된다고 해서 농경을 하지 않았던 사회라고 속단해서는 안 된다.

농경이 초기에는 불안한 모험이었고 경제생활에서 중요한 위치를 차지하지 못했지만, 농경과 목축을 기초로 하여 정착 생활을 하는 마을사회가 형성되었다. 뿐만 아니라 인류는 농경을 발전시켜 생산을 증대시키고 식료를 저장해두기까지 했다. 이에 따라 생각할 수 있는 시간적 여유를 갖게 되어 농경은 문화를 발전시키는 원동력이 되었다. 이러한 점에서 농경의 개시는 인류의 역사에서 중요하게 평가될 만하다. 그것을 '신석기혁명' 또는 '농업혁명'이라고 부르는 것은 바로 이러한 이유 때문이다.

한반도와 만주 지역 마을사회의 출현

마을사회 단계에서는 이동 생활을 하지 않고 정착 생활을 했기 때문에 인류는 계속해서 한 지역에 거주하면서 문화를 계승·발전시켰다. 따라서 마을사회 단계의 문화는 무리사회 단계의 문화에 비해 지역성이 강하다. 지금까지의 연구에 의하면, 한반도와 만주의 신석기문화는 공통성을 지니고 있으며, 지금의 북경 지역을 경계로 하여 황하 유역의 문화권과 구분된다.

두 문화권의 경계에 위치한 북경과 그 주변 지역은 한반도와 만주 지역의 문화와 황하 유역의 문화가 혼합된 지역이다. 한반도-만주 문화권의 서부에 위치해 황하 유역의 문화권과 지리적으로 가까이에 있는 하북성 동북부나 요령성 서부 지역의 신석기 유물을 분석할 때는 토착적인 요소와 외래적인 요소를 구별해야 한다. 그리고 그 지역 문화의 주류는 토착적인 요소라는 점을 명심해야 한다.

마을사회가 남긴 전기 신석기 유적에서 출토된 유물 가운데 가장 중요한 것은 간석기와 질그릇인데, 그 시대의 문화 성격을 설명하거나 연대를 구분할 때 일반적으로 질그릇을 기준으로 한다. 질그릇은 석기에 비해 쉽게 파손되므로 자주 제작하게 되어 그 문화의 변천이 석기에서보다 분명하게 나타나기 때문이다.

한반도와 만주의 신석기시대 질그릇은 빗살무늬질그릇으로 특징지어진다. 그런데 근래에 빗살무늬질그릇 이전 단계의 이른 시기 질그릇들이 출토됨으로써 빗살무늬질그릇보다 빠른 단계의 문화를 인정하게 되었다. 그렇지만 빗살무늬질그릇이 오랫동안 널리 사용되었으므로 그것을 한반도-만주 지역 신석기문화를 대표하는 질그릇으로 보아도 문제는 없을 것이다.

빗살무늬질그릇은 새김무늬질그릇이라고도 부른다. 빗살무늬질그릇이란 원래 독일어의 'kammkeramik'을 번역한 것인데, 한국의 빗살무늬질그릇이 유럽에서 전파되어 왔을 것으로 보고 붙인 명칭이다. 이러한 명칭의 유래로 인해 한국의 빗살무늬질그릇이 유럽이나 시베리아에서 기원했을 것으로 보는 선입관이 있다.

종래에는 한반도의 새김무늬질그릇의 기원을 시베리아나 유럽에서 찾았다. 그 이유는 한반도에서 출토된 새김무늬질그릇과 비슷한 무늬로 장식된 질그릇이 시베리아와 스칸디나비아 반도에까지 분포되어 있으며, 그릇 형태도 한반도에서 밑이 뾰족하거나 둥근 질그릇이 출토되는데 이와 유사한 것이 시베리아에서도 출토되고, 한반도의 신석기문화 개시 연대가 시베리아보다 늦을 것이라고 생각했기 때문이다.

그러나 근래의 연구 결과에 의하면, 한반도-만주 지역의 새김무늬는 시베리아의 빗살무늬와 동일하지 않고, 그것을 질그릇에 새기는 기술도 서로 다른 것으로 판명되었으며, 그릇의 형태도 한반도 서남부에서는 뾰족밑질그릇이나 둥근밑질그릇이 출토되지만 한반도의 중동부와 청천강 이북의 한반도를 포함한 만주 지역에서는 밑이 편편한 납작밑질그릇만 출토된다.[17] 따라서 그릇의 형태 면에서도 지리적으로 접해 있는 한반도 북부-만주 지역과 시베리아 사이에 공통성이 없다. 신석기문화의 개시 연대도 한반도와 만주 지역에서 이른 시기의 유적이 발굴됨으로써 한반도와 만주 지역이 시베리아보다 훨씬 빠른 것으로 확인되었다. 이러한 점을 종합해볼 때 한반도와 만주 지역의 새김무늬질그릇은 토착적 특징을 지닌 것임을 알 수 있다.

한반도의 신석기문화 유적 가운데 가장 연대가 올라가는 것은

---

17 임효재, 「신석기시대 한국과 중국 요령 지방과의 문화적 관련성에 대하여」, 『한국 상고사의 제문제』, 한국정신문화연구원, 1987, pp. 3~11.

강원도 오산리 유적과 제주도 고산리 유적으로 서기전 8000년(지금으로부터 1만 년 전)경이며,[18] 그다음은 함경북도 서포항과 남해안 조도 등으로 이 유적들의 연대는 서기전 6000년(지금으로부터 8000년 전)경이다.[19] 오산리 유적 최하층에서 출토된 질그릇은 밑이 편편하고 입이 크게 벌어진 사발 모양에 아가리 둘레에만 손톱무늬, 지그재그덧무늬, 점선무늬 등이 있고 몸체는 민무늬였다. 서포항 조개무지 유적에서는 새김무늬질그릇층 아래에서 민무늬질그릇이 출토되었으며, 이와 유사한 질그릇이 함경북도 삼봉과 평안북도 만포에서도 출토되었다. 조도 유적에서도 민무늬와 덧무늬의 질그릇이 출토되었는데, 부산시 동삼동 조개무지 최하층과 경상남도 상노대도 조개무지에서도 이와 비슷한 민무늬질그릇이 출토되었다.

뒤를 이어 새김무늬질그릇 1기로 분류되는 본격적인 새김무늬질그릇 시기가 되는데, 주요 유적을 보면 서포항 유적 2·3기층과 평안남도 온천군 궁산리 유적 1·2·3기층, 평안북도 세죽리 유적, 황해도 지탑리 유적, 서울시 암사동 유적, 부산시 동삼동 유적

---

18 임효재·이준정, 『오산리 유적 3』, 서울대학교박물관, 1988; 임효재, 「한·일 문화 교류사의 새로운 발굴 자료」, 『제주 신석기문화의 원류』, 한국신석기연구회, 1995; 오산리 유적은 방사성탄소측정에 의해 지금으로부터 1만 2000년 전이라는 연대를 얻었지만, 1만 년 전 이전의 방사성탄소측정 연대는 오차가 크므로 필자는 1만 년 전으로 잡았다.

19 임효재, 「신석기시대 편년」, 『한국사론』 12, pp. 707~736; 김원룡, 『한국 고고학 개설』, 일지사, 1986, pp. 22~32.

2 · 3기층, 경기도 미사리 유적 등이 있다. 이 유적들의 연대는 대략 서기전 5000년부터 서기전 3000년 전반기에 속한다.

만주 지역의 신석기 유적을 보면, 가장 빠른 시기의 것으로 내몽고자치구(內蒙古自治區)의 흥륭와(興隆洼) 유적이 있고, 그보다 약간 늦은 것으로는 요령성의 신락(新樂), 소주산(小珠山), 사와자(沙窩子) 등의 유적이 있다. 이 유적들의 연대는 흥륭와 유적이 서기전 6000년경이고,[20] 신락 유적을 포함한 그 외의 유적들은 서기전 5000년경이다.[21] 그 뒤를 이어 요령성 서부에는 홍산문화(紅山文化), 심양(沈陽) 지역에는 편보문화(偏堡文化), 요동(遼東)반도 지역에는 소주산 유적 중층문화, 흑룡강성 지역에는 앙앙계문화(昂昂溪文化) 등이 있다. 이 문화 단계 유적들의 연대는 서기전 5000년부터 서기전 3000년 전반기 사이에 속한다. 흥륭와를 포함한 만주 지역 유적들에서 출토된 유물은 지역적 특징을 보여주기는 하지만 새김무늬질그릇이 주류를 이룬다는 점에서 한반도와 같은 문화권임을 확인할 수 있다.

앞에서 언급했듯이 한반도와 만주 지역의 신석기 유적 가운데 가장 이른 시기의 것은 서기전 8000년경의 것으로 확인되었는데, 이는 황하 유역에서 가장 빠른 신석기 유적인 배리강(裵李崗), 자산(磁山) 등의 유적보다 약간 빠른 것으로, 한반도와 만주 지역이

---

20 楊虎,「內蒙古敖漢興隆洼遺址發掘簡報」,『考古』, 1985年 10期, pp. 865~874.
21 윤내현, 앞의 책『중국의 원시시대』, pp. 316~326.

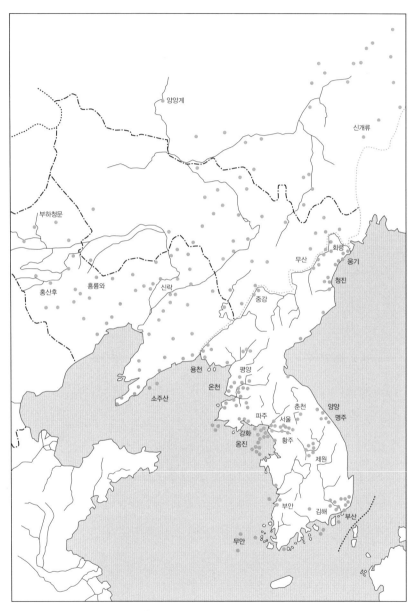

한반도와 만주의 주요 신석기 유적

황하 유역보다 빠른 시기에 마을사회에 진입했음을 뒷받침한다.

마을사회의 문화

마을사회의 문화를 살펴보기에 앞서 먼저 밝혀야 할 것은 한반도와 만주 지역 마을사회 사람들의 계통 문제다. 왜냐하면 한반도와 만주의 마을사회 사람들은 한민족의 뿌리가 되기 때문이다. 종래에는 한반도의 마을사회 사람들은 빙하기가 끝난 후 외부로부터 새로 들어와 살게 된 사람들로서 이전의 무리사회 사람들과는 혈연적으로 연결되지 않으며, 마을사회 기간에 세 차례에 걸쳐 외부의 종족이 이동해 들어왔다고 보았다.

한반도에서 가장 오래된 마을사회 사람은 새김무늬질그릇 이전 단계 시기의 사람들로서, 이들은 시베리아에서 들어온 고아시아족 일파이고, 그다음의 새김무늬질그릇 문화의 사람들 역시 시베리아에서 들어온 고아시아족의 다른 일파이며, 마지막으로 변형빗살무늬질그릇을 만든 사람들은 만주 지역에서 이주해 왔다고 보았던 것이다.

그렇게 보는 근거는 이러하다. 첫째, 지난날 한반도의 신석기문화 연대를 매우 늦은 것으로 보았다.[22] 따라서 구석기시대와 신석

---

22 1970년대까지만 해도 한국의 신석기문화 개시 연대를 서기전 3000년경으로 보았다; 김원룡, 『한국 고고학 개설』 초판, 일지사, 1973, pp. 56~59.

기시대 사이에 시간적으로 큰 공백이 있었는데, 이 기간에 한반도에는 사람이 살지 않았을 것으로 보았던 것이다. 둘째, 새김무늬질그릇을 시베리아 계통으로, 한국어를 알타이어족으로 봄으로써 시베리아와 한반도를 동일한 문화권으로 파악했다. 셋째, 한반도에서는 농업이 후기 신석기시대에 시작되었다고 보고, 중국 북부의 채색질그릇문화와 농업문화가 만주를 통해 한반도에 전파되어 왔을 것으로 보았다. 그러나 이러한 견해에는 결정적인 오류가 있다.

첫째, 한반도와 만주의 신석기문화 개시 연대는 황하 유역보다 빠르며, 한반도와 만주 지역에는 구석기시대와 신석기시대를 연결하는 중석기 유적이 있을 뿐만 아니라, 초기 신석기시대 유적에서는 간석기와 함께 이전의 기술 전통을 이어받은 뗀석기가 출토되고 있다.[23]

둘째, 앞에서 이미 확인된 바와 같이 한반도와 만주의 새김무늬질그릇은 시베리아와 동일한 계통의 것이 아니며, 그 연대도 한반도와 만주가 시베리아보다 훨씬 빠르므로 시베리아 문화가 한반도로 들어왔다고 보기 어렵다.

셋째, 뒤에서 다시 설명하겠지만 한반도와 만주 지역의 농경이 반드시 중국 북부로부터 전래되었다고 볼 수 없으며, 채색질그릇 등의 부분적인 문화 전파나 동일한 어족(語族)이라는 사실이 종족

---

23 최복규, 「중석기문화」, 『한국사론』 12, pp. 415~478; 최복규, 「한국과 시베리아의
    중석기시대 유적과 문화」, 『고고인류학논총: 손보기 박사 정년 기념』, 지식산업사,
    1988, pp. 201~203.

의 이동을 뜻한다고 볼 수는 없다. 그리고 황하 유역의 문화가 만주에 영향을 주었듯이 만주 지역의 신석기문화도 황하 유역에 영향을 주었다는 사실을 간과해서는 안 된다.

한반도와 만주 지역에서 매우 빠른 시기의 마을사회 유적이 발견된다는 사실과 이전의 뗀석기 기술 전통이 마을사회 시대까지 이어진다는 사실은 한반도와 만주 지역에 거주하던 무리사회 말기 사람들의 후손들이 같은 지역에서 문화를 계승·발전시켰음을 의미한다.

체질 면에서도 한반도와 만주의 무리사회 말기 사람들과 마을사회 사람들은 같은 계통임을 보여준다. 무리사회의 슬기슬기사람인 승리산사람은 아래턱뼈가 크며 길이가 상대적으로 짧은 반면에 그 너비는 매우 넓다. 이것은 입천장이 넓은 한국인의 특징이 그대로 아래턱뼈에 반영된 것이다.[24] 유전자 분석에 의해서도 한반도와 만주 지역의 슬기슬기사람의 체질 요소가 현대 한국인들의 체질에 남아 있음이 확인되었다.[25]

이와 같은 사실들로 볼 때, 한반도와 만주의 마을사회 사람들은 같은 지역의 무리사회 말기 사람들의 후손들이 주류를 이루었음을 알 수 있다. 이들이 바로 한민족의 뿌리인 것이다. 이들을 '원형한국인'이라고 부를 수 있을 것이다.

---

[24] 사회과학원 역사연구소, 『조선전사 1: 원시편』, 과학백과사전출판사, 1979, pp. 59~64.

[25] 이홍규·박경숙, 「한민족의 뿌리」, 『한민족』 창간호, 한민족학회, 1989, pp. 7~33.

한반도와 만주의 마을사회 초기 유적에서는 여러 채의 집자리가 발견되었다. 오산리에서 9자리, 암사동에서 14자리,[26] 서포항에서 21자리, 지탑리에서 3자리, 궁산에서 5자리, 흥륭와에서 7자리가 발견되었고, 신락과 소주산에서도 집자리가 확인되었다.[27] 이러한 사실은 한반도와 만수 지역에 거주하던 원형한국인들은 일찍이 서기전 8000년에 이미 정착 생활에 들어가 마을을 이루고 살았음을 보여준다.

마을사회 사람들은 강한 공동체의식을 가지고 있었다. 서포항 유적의 9호 집자리는 타원형에 가까운 직사각형인데, 길이 12미터, 너비 6미터로서 일반 주거용 집보다 훨씬 크며, 중앙에는 한 줄로 화덕 자리 다섯 개가 있었다. 이 건물은 그 규모나 구조로 보아 공공용이었음을 알 수 있다.[28] 이 건물에서 마을의 공동 의례나 작업, 오락 등의 행사를 함으로써 공동체의식을 강화했을 것이다.

이 시기의 집들은 대체로 네모거나 둥근 형태의 반지하 움집으로 중앙에 화덕이 있었는데, 오산리 유적과 같이 지상식인 경우도 있다. 지상식으로 집을 지은 것은 습기 등의 자연조건 때문이었을

---

26 손보기 박사의 증언에 따르면, 암사동에는 훨씬 많은 집자리가 있었으나 공사로 파괴되었다고 한다.

27 김정기, 「신석기시대의 주생활」, 『한국사론』 17, 국사편찬위원회, 1987, pp. 76~130; 楊虎, 「內蒙古敖漢旗興隆注遺址發掘簡報」, 『考古』, 1985年 10期; 沈陽市文物管理辨公室, 「沈陽新樂遺址試掘報告」, 『考古學報』, 1978年 4期, pp. 449~450; 文物編輯委員會, 『文物考古工作三十年』, 文物出版社, 1979, pp. 85~86, 98.

28 김정기, 앞의 글 「신석기시대의 주생활」, 『한국사론』 17.

것이다. 마을사회의 거주용 집들은 다섯 명이 거주할 정도의 규모였는데, 이로 보아 당시의 가족은 부부와 자녀 세 명인 핵가족이었음을 알 수 있다. 집의 규모나 각 집자리 등에서 출토된 유물을 볼 때, 마을 구성원들 사이에는 빈부의 차이가 없었다. 이것은 당시 일상적인 생산 공구나 생활필수품을 제외하고는 재산이 마을 구성원들의 공동 소유였기 때문이었을 것이다.

이러한 마을공동체는 농경과 목축을 기초로 해서 형성되었다. 서포항, 궁산, 지탑리, 흥륭와, 소주산 등의 유적에서는 곡물의 껍질을 벗기거나 가루를 만드는 데 사용했던 가공 공구인 갈돌판과 갈돌대가 출토되어 마을사회 초기부터 농경을 했음을 뒷받침한다. 그리고 돌괭이, 뿔괭이 등의 출토는 초기의 농경이 괭이농사였음을 보여준다. 출토된 동물의 뼈를 보면 개와 돼지 등이 가축으로 길러졌음을 알 수 있으며, 돌이나 뼈, 동물의 이빨 등으로 만든 화살촉, 창끝, 작살, 찔개살, 낚시, 그물추 등의 유물과 도토리의 출토는 당시에 농경, 목축과 더불어 사냥, 고기잡이, 그러모으기도 행해졌음을 보여준다.

농경 초기에는 기술이 빈약했기 때문에 한곳에 영속적으로 거주할 수가 없었다. 한 지역에서 오래 농사를 지으면 지력이 떨어져 수확이 줄어들기 때문에 어느 정도 세월이 흐른 후에는 다른 곳을 개간해 이주해야만 했다. 그러나 자연환경이 좋은 곳은 얼마 후에 지력이 회복되면 다시 돌아와 거주했다. 서포항 유적이 두 시기의 문화층이 겹쳐 있는 것이라든가 집자리가 겹쳐 있는 것은 이러한 사실을 말해준다.

한반도에서의 농경은 후기 신석기시대에 개시되었을 것이라는 견해가 있다. 그 근거는 전기 신석기시대(마을사회 단계) 유적에서는 아직까지 곡물이 출토되지 않았다는 것이다. 그러나 이러한 견해는 잘못된 것이다. 곡물은 썩어 없어지는 것이고, 혹시 남아 있었다고 하더라도 발굴을 통해 반드시 찾을 수 있는 것도 아니다. 곡물이 발견되지 않았어도 당시의 사회 수준이나 출토된 농경 관련 유물, 인접 지역과의 비교를 통해 농경의 개시 여부를 알 수 있는 것이다.

앞에서 살펴본 바와 같이 신석기시대 초기에 이미 마을사회가 형성되어 있었다. 농경을 하지 않고도 정착 생활을 하면서 마을을 이룬 경우가 있지만, 그것은 사냥, 고기잡이, 그러모으기만으로도 한곳에서 계속해서 식료를 조달할 수 있는 자연환경이 매우 풍요로운 지역에서만 가능한 것이며 보편적 현상은 아니다.

한반도와 만주 전 지역은 농경을 하지 않고도 정착 생활을 할 수 있을 정도로 자연 식료가 풍부한 환경은 아니었다. 따라서 한반도와 만주의 마을은 농경을 기초로 한 것으로 보아야 한다. 한반도와 만주 지역에서 출토된 돌괭이, 뿔괭이, 갈돌판, 갈돌봉 등은 메소포타미아나 황하 유역의 초기 농경사회에서도 발견된 것으로 농경과 관계를 맺고 있는 것이 보편적이다. 중국 남부 해안 지역과 황하 유역, 만주 지역 등지에서 서기전 6000년 이전에 농경이 시작되었는데 이러한 지역에 둘러싸인 한반도만 훨씬 후대에 농경을 시작했다고 볼 수는 없다.

한반도와 만주의 농경이나 문화가 외부에서 전파되어 왔을 것이라고만 보는 것, 그 전파 경로를 육로로만 생각하는 것도 잘못이다. 한반도와 만주의 초기 마을사회에서는 그물과 실을 사용한 것이 확인되는데, 이처럼 섬유질을 사용할 정도로 식물에 대한 지식이 있었다는 것은 농경이 가능했음을 보여준다.

마을사회에서는 실을 뽑고 천을 짜는 방직이 보급되어 있었으므로 천으로 옷을 만들어 입었을 것이다. 여러 유적에서 가락바퀴가 발견되고 궁산리 유적에서 실이 꿰여 있는 바늘이 출토된 것은 이러한 사실을 뒷받침한다. 당시에 필요한 물자를 구하기 위해 장거리 교역도 행해졌다. 오산리 유적에서는 흑요석으로 만든 석기가 출토되었는데, 흑요석은 화산 지역에서 생산되는 것으로 백두산 지역과의 교역에 의해서 얻어졌을 것이다.[29]

마을사회 사람들은 영혼 관념을 가지고 있었다. 그래서 사람이 죽은 후에 영혼의 세계가 있다고 믿고 그들이 생전에 사용했던 물건을 무덤에 함께 묻었다. 그들은 하늘, 산, 강 등의 자연물이나 천둥, 번개 등의 자연현상에도 영혼이 있다고 믿었다. 이러한 관념은 조상숭배·자연숭배 사상을 출현시켰다. 어떤 마을은 자신들의 기원을 곰, 호랑이 등의 동물과 연결하는 토테미즘(totemism)을 가지고 있었다. 서포항 유적에서 출토된 호신부(護身符)나 동

---

29   임효재·권학수, 『오산리 유적 1』, 서울대학교박물관, 1984.

물의 이빨이나 뼈, 뿔을 조각해 만든 사람이나 동물 등은 당시의 주술적 신앙을 보여준다.[30]

마을사회 시대에는 아직 원시적이기는 했지만 미의식이 생활에 반영되어 있었다. 서포항, 궁산 등 여러 유적에서 발견된 동물의 이빨, 뼈, 조가비 등을 가공해 구멍을 뚫은 장신구, 궁산과 범의구석 유적에서 출토된 목걸이용 뼈대롱구슬, 동삼동 유적에서 나온 조각품과 돌팔찌, 조가비팔찌 등은 당시 사람들의 미의식을 보여준다.[31]

---

30 황용혼, 「신석기시대의 예술과 신앙」, 『한국사론』 12, pp. 674~680.
31 황용혼, 위의 글 「신석기시대의 예술과 신앙」, pp. 655~706.

제3장
마을연맹체사회

마을연맹체사회의 성격

마을연맹체사회는 추방사회(酋邦社會, Chiefdom society)라고도
부르는 사회 단계다. 이 단계는 사회 발전 과정에서 마을사회 단
계와 국가사회 단계 사이에 위치한다.[32] 'Chiefdom society'를 '추
장(酋長)사회' 또는 '군장(君長)사회'라고도 번역한다. 'Chiefdom'은
인류학자들에 의해 새로 만들어진 용어이므로 번역어도 새로 만
들어질 수밖에 없는데, 그것을 직역하면 '추방(酋邦)'이 된다. 그러
나 추방이라는 말은 생소해 의미가 쉽게 전달되지 않는다. 따라서

---

[32] Kwang-chih Chan, "Shang's Position in evolutionary Schemes", *Shang
civilization*, Yale University Press, 1980, pp. 361~364; 김광억, 「국가 형성에
관한 인류학 이론과 모형」, 『한국사 시민강좌』 제2집, 일조각, 1988, p. 183.

필자는 추방은 학술적 용어로 사용하기로 하고, 일반적인 용어로는 마을연맹체사회를 사용하고자 한다. 한국어에서 여러 마을이 모인 일정한 지역을 고을이라고 하므로 이 단계의 사회를 '고을사회'라 불러도 무방할 것이다.

마을연맹체사회가 이전 단계인 마을사회와 가장 다른 점은 구성원 사이에 빈부의 차이와 사회 신분의 분화가 일어났다는 사실이다. 이전의 평등사회에서 신분사회로 변화되었던 것이다. 이러한 변화는 재산사유제가 출현한 결과였다. 따라서 경제적인 면에서는 재산공유제에서 재산사유제로의 변화를 뜻하기도 한다.

빈부의 차이와 신분의 형성은 어느 정도 전문화되고 영속적인 위치에 있는 정치 지도자인 추장을 출현시켰다. 이 시기의 정치권력은 혈연적 조직에 기초를 두고 있었다. 공동체 내에서의 사회적 지위는 대체로 정치 지도자와의 관계에 의해 결정되었다. 종교적 권위자도 출현했다. 이전의 마을사회에서도 신앙은 존재했지만, 그때는 마을공동체의 구성원이 평등한 상태였다. 그러나 마을연맹체사회에서는 샤먼이나 제사장 또는 점복인 등과 같은, 일반 구성원보다는 신과 가까운 위치에 있는 종교 지도자가 출현했다.[33]

마을연맹체사회 단계에서는 이전의 평화롭던 마을사회와는 달리 전쟁이 일어났다. 그리고 전문 기능인이 출현했고, 조직적인 장거리 교역이 행해졌다. 이러한 사회 성격의 변화와 더불어 외형

---

33   위의 글 참조.

적으로는 여러 마을이 연맹체를 이루어 종족을 형성하게 되었다. 따라서 마을사회 단계보다는 공동체의 규모가 구성원의 숫자나 영역 면에서 크게 팽창·확대되었으며, 이 단계의 사회는 대체로 부권사회(父權社會)였다.

마을연맹체사회의 역사적 의의

과거에는 국가가 출현하기 이전의 사회 전 기간을 재산이 공유되고 사회적 신분의 분화가 일어나지 않은 원시공동체사회로 보았다. 그러한 원시공동체사회가 재산사유제의 발생으로 붕괴되고, 경제적인 빈부의 차이, 사회적인 신분의 분화가 일어나면서 바로 국가사회에 진입했을 것으로 보았다.

그러나 근래의 연구 결과에 의하면, 재산사유제의 출현에 의해 빈부의 차이와 신분의 분화가 일어남과 동시에 바로 국가사회 단계에 진입한 것이 아니었다. 빈부의 차이와 신분의 분화가 일어나기는 했지만 아직 국가사회 단계에 진입하지 못한 사회 단계가 상당히 오랫동안 존재했음이 확인되었다. 이 단계가 마을연맹체사회 단계다.

마을사회로부터 마을연맹체사회로의 변화는 한국과 중국의 경우 지역에 따라 다르기는 하지만, 서기전 4000년경부터 서기전 2500년경 사이에 일어났다. 마을연맹체사회로 진입했는지 그렇지 않았는지는 유적과 유물을 보면 알 수 있다. 마을연맹체사회의 가장 중요한 특징은 재산사유제의 출현에 의한 빈부의 차이이므로 그것을 유적이나 유물에서 확인해야 하는 것이다.

마을 터에서 일반 주거용 집들보다 크고 부유한 집이 확인된다든가, 공동묘지에서 일반 무덤들보다 규모가 크거나 부장품이 많은 무덤이 발견되는 것 등으로 알 수 있게 되는 것이다. 유물 가운데 신의 뜻을 파악하기 위해 점을 친 것이 확인된다든가, 샤먼이 존재했음을 보여주는 근거가 확인되면 그것도 하나의 징표가 된다. 종교적 권위자가 출현했음을 의미하는 것이기 때문이다.

마을사회로부터 마을연맹체사회로의 변화는 인류 역사상 매우 중요한 의미를 갖는다. 첫째, 평등사회가 불평등사회로 변화되었다는 점이다. 현대 사회에서도 중요한 사회 문제 가운데 하나로 제기되는 신분이나 계층 간의 갈등은 그 기원이 마을연맹체사회 개시까지 거슬러 올라간다. 둘째, 마을연맹체사회에서 전쟁이 시작된다는 사실이다. 인류 역사에서 민족이나 국가, 지역 간의 분쟁은 끊임없이 계속되어 왔고, 지금도 전쟁은 인류가 해결해야 할 중요한 과제 가운데 하나로 남아 있다. 그러한 전쟁의 기원도 마을연맹체사회의 개시까지 소급되는 것이다.

인류사회에 가장 큰 고민을 안겨준 문제들이 마을연맹체사회의 시작과 함께 출현했다는 사실은 중요한 의미를 갖는다. 그러므로 인류사회의 현실 문제를 정확하게 파악하고 미래를 조망하기 위해서는 마을사회로부터 마을연맹체사회로의 변화를 가장 먼저 검토해보아야 한다.

이러한 중요한 의미를 갖는 사회 성격의 변화를 불러온 요인은 무엇이었을까? 자연환경에 따라 다르겠지만, 한국과 중국의 경우 다음 두 가지의 공통된 요인을 지적할 수 있을 것이다. 첫째는 기후 변화이고, 둘째는 인구의 증가다.

마을사회 단계를 서술하면서 이미 말한 바와 같이, 서기전 8000년(지금으로부터 1만 년 전)부터 기온이 계속해서 상승하다가 서기전 3500년을 기점으로 하강해 서기전 1000년경에 이르러 지금과 같은 기온에 도달했다. 이와 같은 수천 년에 걸친 기온의 상승은 자연환경을 변화시켰고, 인구 증가를 가져왔다. 자연환경의 변화와 인구의 증가는 사회 성격을 변화시키는 요인으로 작용했을 것이다. 뒤에서 살펴보겠지만, 한국과 중국에서 마을연맹체사회의 개시 연대가 서기전 3500년 전후로 기온이 가장 높았던 시기에 해당된다는 사실은 우연이 아닐 것이다.

당시의 사람들이 택할 수 있었던 거주 지역은 물 공급이 가능한 지극히 제한된 지역이었다. 따뜻한 기후는 삼림이 무성한 지역을 확산시켰을 것인데, 석기로 그것을 개간하는 것은 쉬운 일이 아니었으므로 자연스럽게 농경 면적이 축소되었을 것이다. 그리고 수천 년에 걸쳐 인구가 증가하면서 거주 면적이 늘어난 것도 농경 면적 축소의 원인일 것이다. 인구 증가와 농경 면적의 축소에 따른 경제적 갈등은 마을연맹체사회라는 새로운 성격의 사회를 출현시켰다.

한반도와 만주 지역의 신석기문화는 새김무늬질그릇으로 특징지어지는 공통성을 지니고 있음을 앞에서 말했다. 이와 더불어 묘제에서도 한반도-만주 문화권과 황하문화권은 분명하게 구분된다. 지금의 북경 동쪽 가까이 있는 난하(灤河)를 경계로 하여 그 동쪽과 서쪽의 묘제가 완전히 다르다. 난하의 동쪽 지역인 한반도와 만주에는 돌무지무덤, 고인돌무덤, 돌상자무덤 등 돌을 재료로 사용한 무덤들이 많이 분포되어 있는데, 난하 서쪽 지역에는 이러한 무덤들이 거의 없고, 움무덤이 주류를 이룬다. 이러한 현상은 난하를 경계로 하여 그 동쪽 지역과 서쪽 지역이 다른 문화권이었으며, 한반도와 만주가 동일한 문화권이었음을 말해준다.[34]

돌무지무덤, 고인돌무덤, 돌상자무덤 등의 분포 상황은 한반도와 만주 지역이 동일한 문화권임을 말해주는 동시에 사회 성격의 변화를 보여주는 지표가 되기도 한다. 돌무지무덤, 고인돌무덤, 돌상자무덤 등은 서민들의 무덤이 아니다. 이렇게 큰 규모의 무덤을 만들기 위해서는 경제적으로 부유하고 사회적으로도 높은 신분이어야 한다. 따라서 이러한 무덤이 출현했다는 것은 이 시기에 이미 그 사회의 구성원 사이에 빈부의 차이와 신분의 분화가 일어나 있었음을 뒷받침한다.

---

[34] 강인구, 「중국 동북 지방의 고분」, 앞의 책 『한국 상고사의 제문제』, pp. 39~66.

그간 한반도의 신석기 유적 발굴과 연구는 주로 문화적인 면에 관심이 집중되었고, 사회 변화를 추적하는 작업에는 별로 관심을 기울이지 않았다. 그것은 신석기시대 전 기간을 동일한 사회 단계로 본 과거의 학문 수준이 선입관으로 작용하고 있었기 때문이다. 따라서 한반도 내의 유적과 유물만을 토대로 하여 마을연맹체사회로의 진입 시기를 밝히는 것은 아직은 어려움이 있다. 그러나 만주 지역의 발굴과 연구 결과를 한반도의 유적, 유물과 연결시키고 그것을 황하 유역과 비교하면 그 윤곽이 분명하게 드러난다.

돌무지무덤, 고인돌무덤, 돌상자무덤 가운데 가장 일찍 출현한 것은 돌무지무덤이었다. 따라서 돌무지무덤의 출현 시기를 마을연맹체사회로의 진입 시기로 잡을 수 있다. 한반도와 만주 지역에서 지금까지 발견된 돌무지무덤 유적 가운데 가장 연대가 오래된 것은 우하량(牛河梁) 유적이다. 우하량 유적은 요령성 서부 능원현(凌源縣)과 건평현(建平縣)의 경계에 위치하는데, 대릉하(大陵河) 상류 유역이다. 우하량 유적은 그 지역에 있었던 홍산문화 말기에 속하는 것으로, 돌무지무덤과 함께 여신을 모신 신전이 확인되었으며, 옥기를 비롯한 많은 유물이 출토되었다. 그 연대는 서기전 3600년경이다.[35]

요령성 대릉하 유역의 객좌현 동산취(東山嘴)와 부신현(阜新縣)

35 遼寧省文物考古硏究所, 「遼寧牛河梁紅山文化"女神廟"與積石塚群發掘簡報」, 『文物』, 1986年 8期, pp. 1~18; 孫守道·郭大順, 「牛河梁紅山文化女神頭像的發現與硏究」, 『文物』, 1986年 6期, p. 19.

호두구(胡頭溝)에서도 우하량과 비슷한 유적이 발견되었다.[36] 동산취에서는 석조 건축의 유적이 발견되었는데 그 가운데에 제단이 있었고, 호두구에서는 돌상자무덤이 발견되었는데 묘제가 우하량 유적과 비슷했다. 이 두 유적에서는 정교하게 가공한 옥기 등 풍부한 유물이 출토되었다. 동산취 유적의 연대는 서기전 3500년경이며, 호두구 유적의 연대도 비슷할 것으로 추정하고 있다.[37]

우하량, 동산취, 호두구 등의 유적에서 돌무지무덤과 돌상자무덤이 발견되고 옥기 등 풍부한 유물이 출토된 것은 이 시기(홍산문화 말기)에 일반 서민들과는 사회 신분이 다르고 경제적으로도 부유한 신분이 존재했음을 말해준다. 뿐만 아니라 종교적 신전과 제사장이 있었음도 알게 해준다. 이러한 사실은 그 사회가 빈부의 차이와 신분의 분화가 일어나고 종교적 권위자가 출현한 마을연맹체사회에 이미 진입해 있었음을 보여준다.

돌무지무덤 유적은 대릉하 유역에서뿐만 아니라 요동반도에서도 많이 발견된다. 그 가운데 대표적인 유적은 노철산(老鐵山), 장군산(將軍山), 사평산(四平山), 우가촌(于家村) 등이다. 이 유적들은 그 양식으로 보아 대릉하 유역의 돌무지무덤과 동일한 계통의 것인데, 절대연대는 아직 밝혀지지 않았지만 주변 유적의 연대와 비

---

[36] 孫守道·郭大順,「遼寧省喀左縣東山嘴紅山文化建築群址發掘簡報」,『文物』, 1984年 11期, pp. 1~11; 方殿春·劉葆華,「遼寧阜新縣胡頭溝紅山文化玉器墓發掘」,『文物』, 1984年 6期, pp. 1~5.
[37] 위의 글 참조.

교해볼 때 서기전 2500년경으로 추정된다.

한반도에도 경기도 시도(矢島), 부산 동삼동, 강원도 천전리, 세종시 조치원, 대구 대봉동, 평안북도의 등공리, 건하리, 용연리, 향산읍 등에서 돌무지무덤 유적이 발견되었다. 이 가운데 천전리와 조치원의 돌무지무덤은 양식 면에서 대릉하 유역과 요동반도 지역의 돌무지무덤과 매우 유사해 연대도 비슷할 것으로 생각된다.[38]

이러한 유적들의 분포와 연대로 보아 한반도와 만주 지역이 마을사회로부터 마을연맹체사회로 진입한 시기는 서기전 3600년보다 약간 앞섰음을 알 수 있다. 황하 유역에서는 마을사회로부터 마을연맹체사회로의 진입 시기가 용산문화(龍山文化)가 시작되는 서기전 3000년부터 서기전 2500년 사이로 약간 늦은 편이고, 황하 하류 유역인 산동성(山東省)과 장강(長江) 하류 유역인 절강성(浙江省) 지역이 다소 빨라 서기전 3500년경이다.[39] 따라서 한반도와 만주 지역의 마을연맹체사회 진입 시기는 중국에서 가장 빨리 마을연맹체사회에 진입한 지역과 거의 비슷하거나 다소 앞섰음을 알 수 있다.

---

38 강인구, 앞의 글 「중국 동북 지방의 고분」, 『한국 상고사의 제문제』; 李亨求, 「渤海沿岸古代文化之硏究」, 臺灣大學校博士學位論文, 1987, pp. 124~125.
39 산동성에서는 대문구문화(大汶口文化), 절강성에서는 양저문화(良渚文化)에서 마을연맹체사회의 특징인 빈부의 차이가 확인된다.

마을연맹체사회는 여러 마을이 연맹을 맺어 통합된 공동체이므로 마을사회보다 구성원의 수나 영역이 크게 확대되었다. 그러나 이러한 양적인 팽창보다는 빈부의 차이와 사회 신분의 분화, 그에 따른 정치권력의 출현이라는 점이 매우 중요한 의미를 갖는다. 마을연맹체사회에서는 신분의 분화가 일어났으므로 문화 유적이나 유물도 신분이 높은 사람들의 것과 낮은 사람들의 것으로 나뉜다.

신분이 높은 사람들의 것부터 살펴보자. 요령성의 우하량에서는 여섯 곳의 돌무지무덤 집단과 여신을 모신 신전이 발굴되었다. 돌무지무덤 가운데 가장 대표적인 제1호 돌무지무덤은 동서로 26.8미터, 남북으로 19.5미터인 네모꼴이었는데, 그 안에 수십 자리의 돌널이 설치되어 있었다. 그리고 돌무지무덤에서는 옥으로 만든 용 모양을 비롯한 여러 종류의 장신구와 옥환(玉環), 옥벽(玉璧) 등이 출토되었고, 여신의 신전에서는 흙으로 만든 여신의 머리가 출토되었는데, 매우 사실적이며 실제 사람의 머리와 같은 크기였다.[40]

동산취 유적의 제단은 네모꼴로 된 대형 석조물이었으며, 그곳에서 임신한 여인상, 양쪽 끝이 용머리로 된 옥황(玉璜), 송녹석으

---

40 孫守道·郭大順, 「牛河梁紅山文化女神頭像的發現與研究」, 『文物』, 1986年 6期.

로 만든 부엉이 모양의 장신구 등이 출토되었다.

우하량과 동산취 유적은 규모나 성격으로 보아 신분이 높은 사람이 남긴 것으로, 당시에 이미 상당히 강한 정치 조직이 있었음을 말해준다. 옥기가 많이 출토된 것은 신분이 높은 사람들은 매우 풍요로운 생활을 했음을 보여준다. 이 지역은 종교적 성지였을 것이다. 당시에 종교적 권위자가 출현했음은 이러한 유적 외에 점뼈의 출토에서도 확인된다. 요령성과 접경 지역인 내몽고자치구의 부하구문촌(富河溝門村)에서는 37자리의 집터가 있는 서기전 3400년경의 마을 유적이 발견되었는데, 그곳에서는 다른 유물들과 함께 점뼈가 출토되었다.[41] 이러한 점뼈가 한반도에서는 함경북도 무산읍과 경상남도 김해시 부원동 등지에서 출토된 바 있다.[42] 점뼈의 출토는 당시에 점을 쳐서 신의 뜻을 파악하는 점복인, 즉 종교적 권위자가 있었음을 의미한다. 이러한 종교적 권위자의 사회적 신분은 매우 높았는데, 마을연맹체의 우두머리인 추장이 그 직책을 겸하는 경우도 있었다. 종교적 권위자가 추장과 다른 사람이었다고 해도 그는 추장과 결합되어, 점복을 포함한 종교적 행사는 추장의 권력을 뒷받침하고 강화하는 역할을 했다.

내몽고자치구의 동팔가촌(東八家村)에서는 서기전 3000년경의

---

41 中國科學院考古研究所內蒙古工作隊, 「內蒙古巴林左旗富河溝門遺址發掘簡報」, 『考古學報』, 1984年 1期, p. 1.

42 황기덕, 「무산 범의구석유적 발굴보고」, 『고고민속논문집』 6, 1975, pp. 124~226; 심봉근, 『김해 부원동 유적』, 동아대학교박물관, 1981.

돌을 쌓아서 만든 성터가 발견되었는데, 성의 크기는 남북이 160미터, 동서가 140미터였다. 그리고 중앙에는 사방 40미터에 이르는 큰 집이 있었고, 그 주위에 직경이 3미터에서 10미터에 이르는 집터가 57자리 있었다. 마을을 둘러친 성곽은 외적의 침입을 막기 위한 것으로, 당시에 전쟁이 있었음을 말해준다. 이러한 상황에서 추장의 출현은 불가피한 것이었다.[43]

내몽고자치구의 서랍목륜하(西拉木倫河) 남부 유역 석붕산(石棚山) 유적에서는 70여 자리의 무덤이 발견되었는데, 무덤에 따라 부장품의 차이가 매우 컸으며, 생산 공구는 대부분 남성 무덤에 부장되어 있었다.[44] 이것은 당시 구성원 사이에 빈부의 차이가 있었고, 남녀의 분업이 행해져 남자가 주로 옥외의 생산 활동에 종사했음을 말해준다. 요동반도 지역의 대표적 유적인 소주산 유적 상층은 마을연맹체사회 단계에 속하는데, 대부분의 질그릇은 빠른 속도의 물레를 사용해 만든 것이었다.[45] 빠른 속도의 물레를 사용해 질그릇을 만드는 것은 숙련된 기술 없이는 불가능한 것으로, 당시에 이미 전문 기능인이 출현했음을 알게 한다.

마을연맹체사회에서 신분이 낮은 사람들은 생활이 기본적으로 마을사회 사람들과 크게 차이가 없었으나, 부분적으로 진보된 면

---

43 佟柱臣,「赤峰東八家石城址勘查記」,『考古通訊』, 1957年 6期, pp. 15~22.

44 文物編輯委員會,『文物考古工作三十年』, p. 87.

45 遼寧省博物館 外,「長海縣廣鹿島大長山島具丘遺址」,『考古學報』, 1981年 1期, pp. 66~70.

을 보인다. 집의 면적은 대체로 15제곱미터 내외로 마을사회 단계의 집과 비슷했으나, 20~30제곱미터의 큰 집이 나타나고 있다.[46] 집 모양은 마을사회 단계의 것에 비해 집의 움이 얕아지고 지붕도 원추형에서 원추형과 사각형의 중간 형태로 변했으며 맞배지붕도 보급되었다.[47] 이것은 생활이 점차 향상되었음을 보여주는 것이다.

마을연맹체사회에서는 농경이 경제생활에서 이전 시대보다 훨씬 중요한 의미를 갖게 되었다. 농경과 관계된 생산 도구들이 다양해지고 부쩍 늘어난 것은 이러한 사실을 증명한다. 이 시기에 괭이농경에서 보습농경으로 변화를 보였다. 그런데 돌보습이 지탑리와 같은 일부 유적에서만 출토되는 것은 당시에 돌보습보다는 나무보습이 보편적으로 사용되었기 때문이었을 것으로 생각된다. 이 시기에 출현한 농구 가운데 호미의 용도로 사용되었을 곰배괭이와 동물의 이빨이나 돌로 만든 낫, 돌반달칼은 매우 특징적인 것이다. 돌낫, 돌반달칼과 같은 특징적인 추수용 농구의 출현은 농경이 그만큼 발달했음을 보여준다.

곰배괭이, 동물의 이빨이나 돌로 만든 낫, 돌반달칼 등은 중국 지역에서도 사용되었던 것으로서, 마을연맹체사회에서 다른 지역과의 문화 교류가 크게 확대되었음을 알 수 있다. 마을연맹체사회

---

46 김정기, 앞의 글 「신석기시대의 주생활」, 『한국사론』 17.
47 사회과학원 역사연구소, 앞의 책 『조선전사 1: 원시편』, p. 125.

에서는 질그릇의 무늬도 이전의 전형적인 새김무늬에서 변형새김무늬로 변화를 보인다. 이러한 무늬의 변화도 중국 지역과의 문화교류에 의해 서로 영향을 주고받아 일어났던 것이다.

생활미술은 마을사회 단계의 것을 계승·발전시키고 있는데, 짐승의 이빨이나 뼈, 대리석, 흙, 조가비 등을 이용한 목걸이와 팔찌 등이 여러 유적에서 출토되었다. 그중 가장 특징적인 것은 옥 제품이 여러 유적에서 출토된다는 점인데, 그러한 유적으로 앞에서 설명한 만주 지역의 유적 외에 한반도의 서포항, 농포리, 궁산리, 금탄리, 춘천 교동 등의 유적이 있다.[48] 이것은 미의식이 일상생활 용품에까지 작용했음을 보여준다.

이 시기의 신앙과 관계된 미술품으로는 서포항에서 출토된 호신부와 사람 얼굴의 조각품, 농포리에서 출토된 흙으로 만든 인형과 개대가리·돌로 만든 새 모양의 조각품, 울주 반구대의 암각화 등이 있다.[49]

48 황용혼, 앞의 글 「신석기시대의 예술과 신앙」, 『한국사론』 12.
49 위와 같음.

제2부

고조선시대

고조선시대는 한반도와 만주 지역에 최초로 국가가 출현한 시대다. 즉 마을연맹체사회 다음에 나타난 국가사회 단계다. 여기서 말하는 국가사회는 인류의 사회 발전 과정에서 일정한 단계의 수준에 도달한 사회를 말한다. 따라서 일반적으로 사용되는 막연한 개념의 국가 또는 나라라는 말과는 다르다.

　국가사회는 외형적으로는 여러 마을연맹체가 어느 강한 마을연맹체에 복속되어 이루어지므로 인구와 영역이 크게 확대되고 강한 정치권력이 출현한다. 국가사회에서는 구성원들의 경제적 빈부의 차이, 사회적 신분의 분화 등 마을연맹체사회가 지니고 있었던 사회 성격이 그대로 계승되지만, 그러한 요소들이 양적으로 크게 팽창된다. 마을연맹체사회와 국가사회는 대부분의 요소들이 기본적으로는 다르지 않다.

　그러나 국가사회에서는 정치권력이 합법적이라는 점이 이전 단계의 사회와 다르다. 마을연맹체사회의 정치권력은 혈연 조직이 밑받침하고 있었으나, 국가사회 단계의 정치권력은 법에 의해 밑받침되었다. 따라서 법이 존재했으면 그 사회를 국가라고 부르게 되는 것이다. 그런데 당시에 법이 존재했는가의 여부는 기록이 남아 있지 않으면 확인할 수가 없다. 그럴 경우 세계 어느 지역에서나 청동기시대는 대체로 국가사회였다는 것이 확인되었으므로 고고학적으로 청동기문화 단계에 진입해 있으면 그 사회를 국가사회로 보는 일반론을 따르게 된다.

과거에는 국가사회가 이전 단계의 사회와 다른 특징으로 두 가지를 들었다. 첫째, 거주 형태가 마을연맹체사회 단계까지는 혈연관계로 이루어져 있었으나 국가사회 단계에서는 지역 유대로 바뀐다는 점이다. 즉 혈연관계로 이루어졌던 마을이 와해되고 같은 직업에 종사한 사람들에 의해 주거지가 형성됨으로써 지역 유대의 거주 형태가 출현한다는 것이다. 둘째, 정치권력이 마을연맹체사회에서는 혈연 조직에 기초를 두었으나 국가사회 단계에서는 법에 기초를 두어 공공권력화된다는 점이다. 법의 제정에 의해 합법적으로 전쟁을 할 수 있고, 징집, 공납 등을 강요할 수 있게 된다는 것이다.

그러나 위의 두 가지 특징 가운데 첫 번째인 거주 형태 변화는 동아시아 사회에는 적용되지 않는다.[50] 동아시아 사회는 국가사회가 출현한 이후에도 마을이 혈연 집단에 의해 형성되어 있었다. 지난날 거주 형태의 변화를 국가사회의 특징으로 들었던 것은 국

---

50 Kwang-chih Chang, "Shang's Position in evolutionary Schemes", *Shang Civilization*, Yale University Press, 1980, pp. 363~364 참조.

가사회의 성격에 관한 이론을 만드는 과정에서 동아시아 사회의 상황을 고려하지 않고 서양 고대사회의 특성만을 토대로 했기 때문이다. 서양의 고대국가는 도시국가가 형성되는 과정에서 혈연 중심의 거주 형태가 와해되었다. 그러나 농경사회였던 한국이나 중국은 이와 달랐다. 그러므로 국가사회 단계가 가지고 있었던 이전 사회 단계와 다른 세계적 보편성을 가진 특징은 법이 존재했다는 것 하나라고 볼 수 있다.[51]

고조선은 청동기시대였고 '범금팔조(犯禁八條)'라는 법이 존재했으므로 국가사회라는 데 의문의 여지가 없다. 고조선이 출현함으로써 한반도와 만주의 각 지역에 거주했던 사람들은 같은 나라 안에서 서로 교류하면서 문화를 공유하고 하나의 정치공동체에 포함되는 귀속의식을 갖게 되었다. 이로써 한민족이 형성된 것이다. 한민족은 한국사의 주체이므로 한민족의 출현은 진정한 한국사의 출발점이 된다. 고조선의 사회와 문화는 한민족의 사회와 문화의 원형으로서 후대 한국 전통사회와 문화의 기초와 주류를 이룬다.

---

51 위와 같음.

제1장
고대국가의 출현

민족신화의 이해

역사가 오래된 민족은 어느 민족이고 자신들의 민족신화를 가지고 있다. 한민족도 '단군신화'를 가지고 있다. 고대의 건국신화는 단순히 꾸며진 이야기가 아니라 그 민족의 종교관, 세계관 등의 사상과 역사적 체험이 결합되어 만들어진다. 그러한 요소들이 시간과 공간을 초월해 신들의 이야기로 상징적으로 표현된 것이 신화인 것이다.

인류학과 고고학이 학문으로 성립되어 상고시대를 설명할 수 있게 되기 이전에는 민족의 신화나 전설이 그 민족의 상고시대 역사였고 문화였다. 따라서 단군신화에는 한민족의 역사적 체험과 사상이 들어 있다. 『삼국유사(三國遺事)』에 실린 단군신화의 내용을 보면 다음과 같다.

옛날에 하느님 환인이 있었는데, 그의 지차(之次) 아들 환웅(桓雄)이 자주 천하에 뜻을 두어 인간 세상에 가고자 하거늘, 그 아버지가 아들의 뜻을 알고 아래로 삼위(三危) 태백(太白) 땅을 내려다보니 '홍익인간(弘益人間)' 사상을 펴기에 알맞은 곳인지라 이에 천부인(天符印) 세 개를 주어 보내어 그곳을 합리적인 사회로 만들도록 했다.

환웅이 무리 3,000명을 거느리고 태백산 꼭대기 신단수(神壇樹) 아래로 내려오니, 그곳을 신시(神市)라 이르고, 그를 환웅천왕이라 했다. 그는 바람 신(風伯), 비 신(雨師), 구름 신(雲師)을 거느리고 곡물과 생명과 질병과 형벌과 선악을 맡아 무릇 인간살이의 360여 가지 일을 모두 주관하면서 (인간) 세상에 살면서 (그곳을) 합리적인 사회로 진화시켰다.

그때 곰 한 마리와 범 한 마리가 같은 동굴에 살고 있었는데, 항상 신령스러운 환웅에게 빌기를, 진화해 사람이 되기를 원했다. 그때 환웅은 영험한 쑥 한 타래와 마늘 스무 개를 주면서 말하기를, "너희가 이것을 먹고 백 일 동안 햇빛을 보지 않으면 쉽게 사람의 형상을 얻을 수 있으리라" 했다. 곰은 그것을 먹으면서 삼칠일(21일) 동안 조심(忌)한 끝에 여자의 몸이 되었지만, 범은 조심(忌)하지 못해서 사람의 몸이 되지 못했다.

곰녀는 혼인할 자리가 없으므로 매번 신단수 아래에서 아이를 갖게 해달라고 빌었다. 환웅은 잠시 사람으로 진화해 그녀와 혼인해 아들을 낳으니 이름을 단군왕검(檀君王儉)이라 했다. 단군왕검은 중국의 요(堯) 임금이 즉위한 지 50년 되는 해인 경인(庚寅)에 평양성(平壤城)에 도읍하고 비로소 조선이라 일컬었다.[52]

단군신화는 한민족의 역사적 체험을 전해주고 있다. 신화에는 시간이 압축되어 있기 때문에 그것을 확장해 시대를 구분해보면 '환인시대', '환웅시대', '환웅과 곰녀의 결혼시대', '단군시대' 등 네 단계로 나뉜다. 이것은 국가이전시대에서 설명한 한민족의 사회 발전 과정과 동일하다.

첫 번째 단계인 환인시대는 무리를 지어 이동 생활을 한 단계였다. 환웅이 무리를 이끌고 태백산 지역으로 이동해 왔다는 것이 이를 말해준다.

두 번째 단계인 환웅시대는 농경을 하며 마을을 이룬 단계다. 환웅이 관장한 업무에 곡물이 맨 먼저 등장했다는 것은 당시 곡물을 매우 중요시했음을 보여준다. 곡물은 농경을 의미하고, 바람, 비, 구름은 농경과 관계가 깊다. 농경을 기초로 이루어진 마을사회였던 것이다.

세 번째 단계인 환웅과 곰녀의 결혼시대는 씨족이 연맹을 맺은 단계였다. 환웅은 하느님을 섬기는 씨족의 수호신이었고, 곰은 곰을 섬기는 씨족의 수호신이었다. 환웅족과 곰족이 결혼을 통해 연

52　『삼국유사』 권1 「기이(紀異)」 〈고조선〉조.

맹체를 형성했음을 보여준다. 범족도 연맹체에 참여했으나, 범은 사람이 되지 못했다고 한 것으로 보아 범족은 신분이 다소 낮았을 것으로 생각된다. 이 단계는 씨족 마을이 연맹을 맺은 마을연맹체사회였다.

네 번째 단계인 단군시대는 국가사회 단계다. 단군신화를 전하는 『삼국유사』에는 고조선의 건국 연대가 서기전 2333년으로 기록되어 있는데, 한반도와 만주의 청동기시대 개시 연대는 서기전 25세기경이다. 고조선의 건국 연대와 청동문화의 개시 연대가 거의 일치하는 것이다.

단군신화는 환인시대인 무리사회 단계, 환웅시대인 마을사회 단계, 환웅과 곰녀의 결혼시대인 마을연맹체사회 단계, 단군시대인 국가사회(고조선) 단계 등 한민족의 역사적 체험, 즉 인류사회 초기의 발전 과정을 그대로 담고 있다. 단군신화를 고고학 자료와 연결해보면, 환인시대는 1만 년 전 이전의 구석기시대, 환웅시대는 1만 년 전부터 6000여 년 전까지의 전기 신석기시대, 환웅과 곰녀의 결혼시대는 6000여 년 전부터 4300여 년 전(서기전 2333년)까지의 후기 신석기시대, 단군시대는 4300여 년 전부터 서기전 1세기 초까지가 된다.[53]

지난날 일부 학자들은 단군신화가 고려 후기에 편찬된 『삼국유사』와 『제왕운기(帝王韻紀)』에 실린 것을 들어 고려시대에 꾸며진

53   윤내현, 「한민족의 형성과 출현」, 『고조선 연구』, 일지사, 1994, pp. 133~142.

이야기일 것이라고 주장했다. 그러나 고려시대에는 인류학이나 고고학이 존재하지 않았다. 그러므로 인류사회의 초기 발전 과정을 알지 못했다. 그런데 단군신화는 인류학과 고고학에서 말하는 초기의 인류사회 발전 과정과 기본적으로 동일한 사회 발전 과정을 전하고 있다. 이것은 단군신화의 내용은 후대에 꾸며진 이야기가 아니라 한민족이 체험한 역사적 사실을 토대로 하고 있음을 보여준다. 단군신화가 사료로서 높은 가치를 가지는 이유다.

고고학의 연대와 사회 발전 단계, 단군신화의 시대를 비교해보면 〈표 1〉과 같다.

단군신화는 고대 한민족의 종교와 사상에 대한 정보도 전해주고 있다. 첫째, 한민족은 하느님을 최고신으로 섬겼으며, 자신들을 하느님의 후손(天孫族)이라고 믿었다. 하느님인 환인으로부터 환웅을 거쳐 단군왕검의 고조선 건국에 이른다는 전체 줄거리가 이를 말해준다.

둘째, 한민족은 우주 만물의 기본은 하늘, 땅, 인간의 세 가지라

연대	고고학의 시대	사회 발전 단계	단군신화의 시대
1만 년 전 이전	구석기시대	무리사회	환인시대
1만 년 전 이후	전기 신석기시대	마을사회	환웅시대
6000년 전 이후	후기 신석기시대	마을연맹체사회	환웅과 곰녀의 결혼시대
4300년 전	청동기시대	국가사회	단군시대

표 1_ 단군신화 속 사회 발전 단계

는 이른바 삼재사상(三才思想)을 가지고 있었다. 단군신화의 골격이 하늘(환인), 땅(곰), 인간(단군왕검)으로 구성되어 있고, 이 세 가지 요소를 환웅을 통해 결합시키고 있다는 점에서 이를 알 수 있다.

셋째, 한민족은 지극한 인본주의 사상을 가지고 있었다. 환웅이 지상에 내려온 목적은 '홍익인간' 이념의 실천, 즉 사람을 널리 이롭게 하고 더불어 행복한 사회를 만들기 위해서였다. 하느님의 아들인 환웅은 사람들로부터 경배를 받거나 사람들을 지배하기 위해 인간 세상에 온 것이 아니라 사람들을 위해 일을 하려고 왔다. 이것은 사람을 가장 중요하게 생각하는 지극한 인본주의 사상인 것이다.

넷째, 한민족은 셋을 기본으로 하는 3단계 발전론과 3원론 등을 가지고 있었다. 단군신화는 환인, 환웅, 단군으로 전개되고 있으며, 지상 세계의 생활은 환웅, 곰녀, 단군으로 구성되어 있다. 3단계 발전론과 3원론인 것이다. 환웅은 환인으로부터 천부인 세 개를 받았고, 무리 3,000을 거느리고 지상으로 내려왔으며, 바람 신, 비 신, 구름 신 등 세 신을 거느리고 인간사를 돌보았고, 곰이 여자가 되는 데는 3 · 7일이 걸렸다. 모두가 셋을 기본으로 하고 있다.

다섯째, 한민족은 화합을 추구했다. 하느님의 아들인 환웅은 지상의 신인 곰과 범을 살상하거나 지배하지 않고 곰을 여자로 진화시켜 그녀와 결혼했다. 제우스가 폭력과 암투 끝에 지상을 지배한 그리스 신화와는 매우 대조적이다.

여섯째, 한민족은 합리적인 것을 추구했다. 단군왕검은 하느님의 아들인 환웅과 지상의 곰이 진화한 여인 사이에서 태어났다. 인간의 출현에 대해 종교적으로는 대개 자신들의 수호신이 창조했다거나 수호신의 후손이라고 믿고 있으며, 과학적으로는 동물에서 진화했다고 설명한다. 그러나 한민족은 어느 한쪽만을 택하지 않고 하느님의 후손이라는 생각과 동물로부터의 진화라는 생각을 결합시켜 합리적으로 설명하고 있다.

일곱째, 한민족의 의약의 기원에 대해서도 말해주고 있다. 환웅이 곰과 호랑이에게 먹도록 권한 쑥과 마늘은 한민족이 오랫동안 약재 및 건강식품으로 식용해온 것이다. 한민족은 먼 옛날부터 이러한 식료들을 연구·개발해 오늘날의 한국 의학 및 민간 치료요법을 발전시켰음을 보여준다.

단군신화는 실로 한민족의 역사적 체험, 종교, 사상, 의약 등에 관한 정보를 종합적으로 담고 있는 민족사화(民族史話)인 것이다.

고조선의 건국

고조선의 국명은 원래 조선이었다. 그런데 『삼국유사』의 저자 일연(一然)은 이를 고대에 있었던 조선이라는 뜻으로 고조선이라 불렀다. 고조선은 단군에 의해 통치되었으므로 단군조선이라고도 불린다. 『삼국유사』와 『제왕운기』에 의하면, 고조선은 서기전 2333년에 단군왕검에 의해 건국되었다. 단군은 통치자에 대한 칭호이고, 왕검은 초대 단군의 이름이다. 『삼국유사』와 『제왕운기』는 고려 후기에 쓰였을 뿐만 아니라 고조선에 관한 내용이 너무 간략하기 때문에 그 내용을 의심하는 학자들이 있다. 그러나 근래에 고조선에 관한 연구가 진전되면서 『삼국유사』의 기록이 상당히 신빙성 있는 것으로 밝혀지고 있다.

앞에서 말한 바와 같이 국가사회가 그 이전 단계의 사회와 다른 점은 법이 존재했다는 것이다. 따라서 고조선 사회가 국가 단계에 진입했는지 아닌지를 알려면 당시에 법이 존재했는지 그렇지 않았는지를 확인해야 한다. 그런데 고조선에 이미 법이 있었다는 기록이 중국 문헌에 남아 있다. 『한서(漢書)』「지리지(地理志)」는 중국의 서주(西周) 초에 기자(箕子)가 조선으로 망명했을 때 고조선에는 이미 '범금팔조'라는 법이 있었다고 전하면서, 살인, 상해, 절도에 대한 처벌 규정을 소개하고 있다. 살인을 한 자는 사형에 처하고, 상해를 입힌 자는 곡물로써 배상하며, 남의 물건을 도적질한 자는 그 주인의 노예가 되는 것이 원칙이지만 죄를 면하려면 50만 전을 물어야 한다고 했다.[54]

고조선에 법이 있었다는 사실은 고조선이 이미 국가사회 단계에 진입했음을 보여준다. 이러한 법을 집행하려면 강한 국가권력이 있어야 하고, 그것을 집행하기 위한 행정기구가 있어야 한다.

---

54 『한서』 권28 「지리지」 제8 하.

기자는 서기전 1100년경의 인물이므로[55] 서기전 1100년경에 고조선은 이미 국가사회 단계에 진입해 있었다는 뜻이다. 서기전 1100년경에 이미 법이 있었다면 그 법은 그전부터 있었을 것이므로 고조선이 국가사회에 진입한 시기는 이보다 앞섰을 것이다. 그러나 고조선에 언제부터 법이 있었는지를 확인할 수 있는 기록은 아직 발견되지 않았다.

이 점은 고조선의 문화 수준을 검토함으로써 보완이 가능할 것이다. 앞에서 말한 바와 같이 고고학적으로 청동기시대는 대체로 국가사회 단계였다. 따라서 한민족의 청동기문화 개시 연대를 확인해볼 필요가 있다. 과거에는 한민족의 청동기문화 개시 연대를 서기전 1000년에서 서기전 900년경으로 보았다. 이 연대는 비파형동검의 연대를 따른 것이다. 이 연대를 청동기문화 개시 연대로 본다면 서기전 2333년이라는 고조선의 건국 연대는 믿을 수 없게 된다. 청동기시대보다 앞선 신석기시대에 나라가 섰다는 이야기가 되어 청동기시대에 국가가 출현한다는 일반론과 맞지 않기 때문이다.

그런데 비파형동검은 매우 발달한 청동기다. 비파형동검과 같은 청동기가 제조되기까지는 상당히 긴 기간의 청동기 제조 기술의 발달 과정이 있어야 한다. 다시 말해, 한민족의 청동기문화 개시 연대는 서기전 1000년보다 훨씬 빨라야 하는 것이다. 근래의 고

---

55 기자는 상(商) 왕실의 후예로서 상이 주족(周族)에 의해 멸망하자 동북 변경 지역으로 이주했는데, 상과 주가 교체된 시기는 서기전 12세기경이었다.

고학적 발굴과 연구 결과에 의하면, 만주 지역에서 가장 이른 청동기문화인 하가점(夏家店) 하층문화는 서기전 2410년으로 확인되었고,[56] 한반도의 청동기문화 유적인 경기도 양평군 양수리 고인돌과 전라남도 영암군 장천리 집자리는 서기전 2500~2400년경의 것으로 확인되었다.[57] 서기전 2500년경에 시작된 청동기문화는 서기전 1000년경에는 비파형동검 단계로 발전했던 것이다.[58]

이렇게 보면 한민족의 청동기문화 개시 연대는 『삼국유사』와 『제왕운기』에 기록된 단군왕검의 고조선 건국 연대보다 다소 앞섰음을 알 수 있다. 이것은 청동기시대에 국가사회 단계에 진입한다는 일반론과 일치하는 것이다. 이로써 고조선의 건국 연대에 관한 『삼국유사』와 『제왕운기』의 기록은 과학적인 근거를 갖게 된다. 고조선이 건국됨으로써 한반도와 만주의 거주민들이 동일한 정치공동체와 문화공동체의 구성원으로서 집단 귀속의식을 갖게

---

56 中國社會科學院考古硏究所, 『新中國的考古發現和硏究』, 文物出版社, 1984, p. 339.

57 이호관·조유전, 「양평군 양수리 지석묘」, 『팔당·소양댐 수몰지구 유적 발굴 종합조사보고』, 문화재관리국, 1974; Chan Girl Park and Kyung-rin Yang, "KAERI Radiocarbon Measurements Ⅲ", *Radiocarbon*, Vol. 16, No. 2, 1974, p. 19; 방사성연대측정 결과 양수리의 고인돌 유적은 서기전 1950±200, 장천리 청동기시대 집자리는 서기전 2190±120이라는 연대를 얻었는데, 교정 연대는 서기전 2500~2400년경이다. 북한에서는 연대가 이보다 더 올라가는 청동기시대 유적이 발굴된 것으로 보고되었지만, 그 연대에 의문을 표시하는 학자들이 많으므로 여기서는 일단 보류했다.

58 박진욱, 「비파형단검 문화의 발원지와 그 창조자에 대하여」, 『비파형단검 문화에 관한 연구』, 과학백과사전출판사, 1987.

되면서 한민족이 출현했던 것이다.

단군신화에 의하면, 한민족 형성의 중심 세력, 즉 고조선 건국의 중심 세력은 환웅족과 곰족, 범족이었는데, 그 가운데 환웅족은 가장 핵심 세력으로서 한족(韓族), 조선족(朝鮮族)으로도 불렸다. 환웅족의 마을연맹체가 한반도와 만주에 있었던 여러 마을연맹체를 복속시켜 국가를 출현시켰는데, 환웅족은 가장 강한 세력으로서 최고 지배족이 되었다.

환웅족은 해를 하느님으로 섬기던 종족이었다. 고조선의 통치자에 대한 칭호인 단군은 몽골어로 하늘을 뜻하는 '텡그리'와 어원이 같아 하느님을 섬기는 종교 지도자를 말한다.[59] 단군은 해모수(解慕漱)라고도 불렸는데, 해모수는 '해머슴애', 즉 해의 아들을 한자로 표기한 것이다.[60] 환인은 '환님'을 한자로 표기한 것으로서 '환한 님', 즉 해를 뜻하고, 환웅은 '환님의 아들'이라는 뜻이다. 환(桓)은 '한'으로도 읽혔으며, '조선'도 같은 뜻을 한자로 표기한 것이다. 한족, 조선족은 환웅족에 대한 다른 명칭이었던 것이다.[61]

---

59 최남선, 「불함문화론」, 『육당 최남선 전집 2』, 현암사, 1973, pp. 56~61.
60 김상기, 「국사상에 나타난 건국설화의 검토」, 『동방사논총』, 서울대학교출판부, 1984, pp. 6~7의 각주 7 참조.
61 고대국가는 대개 중심이 되었던 종족의 명칭을 국명으로 사용했다. 중국의 경우, 상나라는 상족이 중심이 되어 세운 국가였고, 주나라는 주족이 중심이 되어 세운 국가였다. 고조선의 국명은 조선이었으므로 중심이 되었던 종족은 조선족이었음을 알 수 있다. 조선족, 한족, 아사달족 등은 환웅족에 대한 다른 명칭이었는데, 조선은 국명으로, 한은 종족 또는 민족의 명칭으로, 아사달은 첫 번째 도읍의 명칭으로 사용되었다.

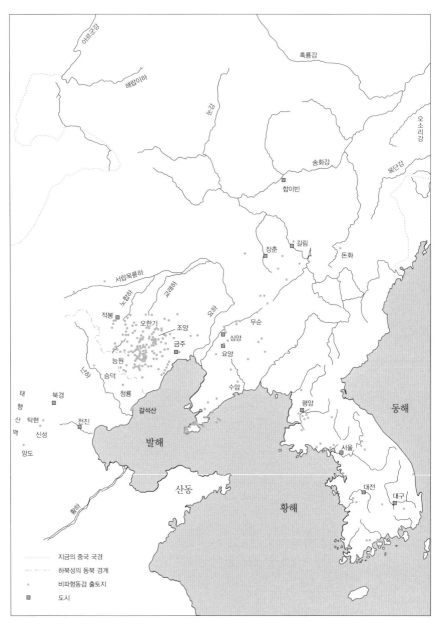

한반도와 만주의 비파형동검 출토지

곰족은 고구려족이었다. 『후한서(後漢書)』「동이열전(東夷列傳)」과 『삼국지(三國志)』「동이전(東夷傳)」의 〈고구려전〉에서는 고구려는 큰 굴을 섬긴다고 했는데, 이는 단군신화에서 곰이 살던 굴을 연상시킨다. 그리고 일본인들은 옛 문헌에 기록된 고구려[高句麗 또는 고려(高麗)]를 고마라고 읽는데, 이는 한국어의 곰을 말할 것이다. 이러한 사실들은 곰족이 고구려족이었음을 의미한다.

범족은 예족(濊族)이었다. 『후한서』「동이열전」과 『삼국지』「동이전」의 〈예전(濊傳)〉에는 예족은 범을 섬긴다고 기록되어 있는데, 이것은 예족이 범족이었음을 의미한다.

환웅족의 기원지는 백두산 주변의 어느 지역이었을 가능성이 있다. 국가가 출현하기 전의 한반도와 만주 지역 문화는 새김무늬질그릇으로 특징지어진다. 그런데 백두산 주변 지역은 납작밑새김무늬질그릇문화의 중심을 이루고 있다.[62] 이러한 중심 문화를 담당했던 사람들이 후에 정치적으로도 중심 세력을 형성했을 가능성이 있다.

백두산 주변의 어느 지역에서 성장한 환웅족이 주변 마을들과 연맹을 맺어 환웅족 마을연맹체를 결성한 후 다른 마을연맹체들을 복속시켜 '아사달(阿斯達: 지금의 평양)'에 도읍을 정하고 고조선을 건국했던 것이다.[63] 아사달은 '아침 땅'이라는 뜻으로 조선과

---

62 임효재, 앞의 글 「신석기시대 한국과 중국 요령 지방과의 문화적 관련성에 대하여」, 『한국 상고사의 제문제』, pp. 3~11.

63 국사 교과서나 한국사 개설서에는 고조선의 도읍은 '왕검성(王儉城)'이었다고 기

의미가 같다.[64] 고조선에서는 도읍을 검터[검독(檢瀆)]라고도 불렀는데, 중국 문헌에는 험독(險瀆)으로 기록되어 있다.

고조선은 도읍을 네 번 옮겼다. 첫 도읍인 아사달로부터 평양성[지금의 요하(遼河) 동부의 본계(本溪)], 백악산아사달[白岳山阿斯達: 지금의 난하 유역 창려(昌黎) 부근], 장당경[藏唐京: 지금의 대릉하 동부 유역의 북진(北鎭)], 아사달 등으로 옮겼던 것이다.[65]

고조선의 도읍 이동은 고조선의 성장 및 당시의 국제 정세와 관계가 있다. 한반도에서 성장해 아사달에 도읍을 정한 고조선은 세력을 만주로 확장하면서 그 지역의 통치를 원활하게 하고 동시에 황하 유역의 정치 세력이 동북부로 진출하는 것을 막기 위해 도읍을 평양성을 거쳐 난하 유역의 백악산아사달로 옮겼다. 그런데 서기전 12세기경에 기자가 서주로부터 난하 유역으로 망명해 와서 고조선의 거수국(渠帥國: 중국에서는 제후국이라 했다)이 되기를 원하므로 고조선은 국경의 방어를 기자에게 맡기고 도읍을 대릉하 유역의 장당경으로 옮겼다. 그 후 지금의 요서(遼西) 서부 지

술되어 있다. 그러나 왕검성은 고조선의 도읍이 아니라 위만조선의 도읍이었다(『삼국유사』 권1 「기이」 〈위만조선〉조; 『사기조선(史記朝鮮)』 권115 「조선열전(朝鮮列傳)」 참조); 『삼국유사』 권1 「기이」 〈고조선〉조에 "『위서(魏書)』에 이르기를 지나간 2000년 전에 단군왕검이라는 이가 있어 도읍을 아사달에 정하고 나라를 창건하고 이름을 조선이라 했다"라고 했으니, 아사달이 첫 번째 도읍이었음을 알 수 있다.

[64] 이병도, 「단군설화의 해석과 아사달 문제」, 『한국 고대사 연구』, 박영사, 1981, p. 40.

[65] 윤내현, 「고조선의 중심지 변천」, 『고조선 연구』, pp. 331~357; 윤내현, 「고조선의 도읍 위치와 그 이동」, 『단군학 연구』 제7호, 2002, pp. 207~238.

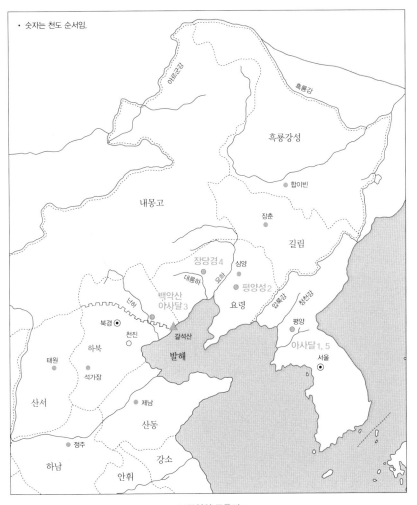

• 숫자는 천도 순서임.

어르고납강

흑룡강

흑룡강성

합이빈

내몽고

장춘

길림

장당경4

대릉하

요하

심양

평양성2

백악산
아사달3

요령

압록강

청천강

북경

천진

갈석산

발해

평양

태원

하북

석가장

아사달1, 5

서울

산서

제남

산동

정주

하남

안휘

강소

고조선의 도읍지

역에서 위만조선이 건국되어 영토를 확장하고, 위만조선이 망한 후 그곳에 한사군(漢四郡)이 설치되는 과정에서 고조선은 요서 지역의 영토를 잃게 되어 도읍을 첫 번째 도읍이었던 아사달로 옮기게 되었던 것이다.

고조선의 영토

고조선의 영토는 한반도와 만주 전 지역이었다. 서쪽은 북경 근처에 있는 난하에 이르고, 북쪽은 액이고납하(額爾古納河), 동북쪽은 흑룡강(黑龍江), 남쪽은 한반도 남부 해안선에 이르러 지금의 한반도 전부와 중국의 요령성, 길림성, 흑룡강성 전부 및 하북성 동북부와 내몽고자치구 동부를 차지하고 있었던 것이다.

고조선의 서쪽 국경이 난하였음은 다음 사료를 통해 확인된다.

첫째, 『제왕운기』에는 요동 지역이 고조선의 영토였다고 기록되어 있는데, 『사기(史記)』「진시황본기(秦始皇本紀)」에 의하면, 고대의 요동은 지금의 난하 하류 유역이었다. 고대에는 지금의 난하를 요수(遼水)라 했다.[66] 이러한 사실은 지금의 요서 지역이 고조선의 영토였음을 의미한다.

둘째, 중국 서주의 역사서인 『일주서(逸周書)』「왕회(王會)」편에

---

66 윤내현, 「고조선의 서쪽 경계」, 『고조선 연구』, pp. 170~210.

는 서기전 12세기경에 숙신(肅愼), 예(濊), 고구려 등이 지금의 난하 유역에 거주했던 것으로 기록되어 있는데,[67] 이들은 고조선의 거수국으로서 한민족의 구성원이었다. 따라서 이 기록은 서기전 12세기경에 고조선 영토가 난하 유역까지였음을 말해준다.

셋째, 『시경(詩經)』「한혁(韓奕)」편은 고조선의 통치자가 서기전 9세기경에 서주를 방문했을 때 그를 칭송해 부른 노래인데, 그 내용에 의하면 고조선은 추(追), 맥(貊) 등 여러 거수국과 부족을 통치했던 것으로 되어 있다. 당시에 맥은 난하 유역에 있었던 고조선의 거수국이었다.[68] 이는 서기전 9세기경에도 고조선의 영토가 난하 유역까지였음을 의미한다.

넷째, 중국 서한(西漢)시대에 쓰인 『염철론(鹽鐵論)』「험고(險固)」편에는 전국시대(戰國時代)에 연(燕)나라의 동쪽 국경은 요수와 갈석산(碣石山)으로 형성되어 있었다고 기록되어 있다. 당시 연나라는 고조선과 국경을 접하고 있었으므로 그 동쪽 국경은 바로 고조선의 서쪽 국경이었다. 고대의 요수는 지금의 난하였고, 갈석산은 난하 하류 유역에 지금도 그대로 존재하고 있다. 따라서 중국의 전국시대인 서기전 5세기부터 서기전 3세기에 이르는 기간에 고조선의 서쪽 국경은 난하와 갈석산으로 형성되어 있었음을 알 수 있다.[69]

---

67 『일주서』 권7 「왕회」.
68 윤내현, 「고조선의 국가 구조」, 『고조선 연구』, pp. 429~441.
69 윤내현, 앞의 글 「고조선의 서쪽 경계」, 『고조선 연구』, pp. 170~210.

다섯째, 중국이 통일되어 진제국(秦帝國)이 출현한 후 진시황제(秦始皇帝)는 이민족 침입을 방어하기 위해 국경에 진장성(秦長城, 만리장성)을 쌓았는데, 그 동부는 갈석산에서 시작되어 난하를 통과했다.[70] 이것은 진장성의 동쪽 끝 부분이 고조선과 연나라의 국경과 동일한 위치에 있었음을 의미한다. 진장성은 전국시대에 북부 지역에 있었던 여러 나라의 성을 연결·보수해 완성한 것이므로 그 동부는 연나라의 국경과 동일했던 것이다. 진제국시대인 서기전 3세기 말에도 고조선의 서쪽 국경은 난하와 갈석산으로 형성되어 있었음을 알 수 있다.

여섯째, 『사기』「조선열전」에는 서한은 초기에 고조선과 국경이 너무 멀어서 지키기 어려워 국경 초소를 서한 지역으로 후퇴시켰다고 했다.[71] 서한 초는 서기전 2세기 초로서 고조선 말기였다. 고조선 말기까지도 고조선의 서부 영토는 줄어들지 않았고, 오히려 국경선상의 서한 초소가 서한 지역으로 이동했음을 알 수 있다.

지금까지 살펴본 바와 같이 서기전 12세기경부터 고조선 말기인 서기전 2세기까지 고조선의 서쪽 국경은 지금의 난하와 갈석산이었다. 서기전 12세기 이전에도 고조선은 난하 유역까지 영향력을 행사했을 것이다. 왜냐하면 마을사회시대(전기 신석기시대) 이래 한반도와 난하 동쪽의 만주 지역은 새김무늬질그릇, 돌무지무

---

70 위와 같음.
71 『사기』권115 「조선열전」.

덤, 고인돌무덤, 돌상자무덤, 비파형동검 등을 특징으로 하는 동일 문화권이었고, 황하 문화권과는 구별되었기 때문이다. 그리고 서기전 12세기까지 황하 유역을 지배했던 하(夏)나라나 상나라의 세력은 난하까지 미치지 못했다.[72] 이는 서기전 12세기 이전에도 고조선의 서쪽 국경은 난하와 갈석산으로 형성되어 있었을 가능성을 말해준다.

고조선 북부와 동북부 그리고 남부 국경이 액이고납하와 흑룡강 및 한반도 남부 해안선에 이르렀음은 다음의 사료를 통해 알 수 있다. 첫째, 『제왕운기』「전조선기(前朝鮮紀)」와「한사군 및 열국기(漢四郡及列國紀)」는 "옛날의 시라(尸羅, 신라), 고례(高禮, 고구려), 남북옥저(南北沃沮), 동북부여(東北扶餘), 예(濊)와 맥은 모두 단군(고조선)의 계승자였다"라고 했는데,[73] 이들은 모두 한반도와 만주에 위치했던 나라들이다. 이 가운데 가장 서북쪽에 있었던 북부여는 난하 상류 유역에 있었고, 동부여는 액이고납하와 흑룡강을 북쪽과 동북쪽 경계로 삼고 있었으며, 가장 남쪽에 있었던 신라는 한반도 남부에 위치해 있었다.

둘째, 『삼국사기(三國史記)』「신라본기(新羅本紀)」에는 "신라를 건국한 사람들은 조선(고조선)의 남겨진 백성들"이라고 기록되어

---

72 지금까지의 고고학적 발굴 결과에 의하면, 상나라 때도 그 세력이 하북성 중부를 넘지 못했던 것으로 확인된다.
73 『제왕운기』「전조선기」의 저자 주석과「한사군 및 열국기」의 본문.

있는데,[74] 이 기록은 신라가 있었던 지금의 경상남도 지역이 고조선의 영토였음을 의미한다. 그리고 『고려사(高麗史)』 「지리지」에서는 "강화도 마리산(摩利山) 꼭대기에 있는 참성단(塹星壇)은 단군이 하느님에게 제사지내던 곳"이며 "강화도의 전등산(傳燈山)에 있는 삼랑성(三郎城)은 단군의 세 아들이 쌓은 것"이라고 했는데,[75] 이 기록은 경기도 지역도 고조선의 영토였음을 의미한다. 한반도 남부도 고조선의 영토였던 것이다.

셋째, 『후한서』 「동이열전」 〈예전〉에는 "예 및 옥저(沃沮), 고구려는 본래 모두 조선(고조선)의 땅이었다"라고 기록되어 있다.[76] 당시에 예는 강원도 지역을, 옥저는 함경도 지역을, 고구려는 평안북도와 길림성 지역을 차지하고 있었다. 그러므로 한반도 북부와 남만주 일대도 고조선 영토였음을 알 수 있다.

넷째, 『후한서』 「동이열전」과 『삼국지』 「동이전」에 의하면, 고조선의 뒤를 이은 여러 나라 가운데 가장 북쪽에 있었던 동부여로부터 가장 남쪽에 있었던 한(삼한)에 이르기까지 종교, 언어, 풍속 등의 문화 요소가 동일했다. 예를 들면, 동부여에는 영고(迎鼓), 고구려에는 동맹(東盟), 동예에는 무천(舞天), 한에는 5월제와 10월제라 부르는 제천의식이 있었는데, 이 의식은 온 백성이 참여하는

---

74 『삼국사기』 권1 「신라본기」 〈시조혁거세거서간〉조.
75 『고려사』 권6 「지리지」 1 〈강화현〉조.
76 『후한서』 권85 「동이열전」 〈예전〉.

고조선의 영토

거국적인 것이었다. 이렇게 동일한 문화 요소를 갖는다는 것은 오랜 기간 같은 공동체에 속해 생활해야만 가능한 것이다. 이로 보아 이들은 모두 고조선에 속해 있었음을 알 수 있다.

다섯째, 고조선의 대표적 청동 무기인 비파형동검을 비롯한 고조선 특징의 여러 유물들이 전라남도 보성과 경상남도 진주 등의 한반도 남부 해안 지역으로부터 북경 서쪽의 탁현(涿縣), 망도(望都) 등지에 이르기까지 한반도와 만주 전 지역에서 출토된다. 청동기시대에 청동 무기는 지배층이 독점하고 있었기 때문에 동일한 청동 무기가 출토되는 지역은 같은 국가의 통치 영역으로 간주된다. 그러므로 이러한 비파형동검의 출토 현황 역시 한반도와 만주 전 지역이 고조선의 영토였음을 알게 한다.

이상과 같이 고조선은 서쪽은 난하, 북쪽은 액이고납하, 동북쪽은 흑룡강, 남쪽은 한반도 남부 해안선을 국경으로 하여 한반도와 만주 전 지역을 그 영토로 하고 있었다.

일부 학자들은 고조선과 중국의 국경을 대릉하나 요하, 압록강, 청천강 등으로 보는가 하면 진장성(만리장성)이 청천강 유역까지 축조되었을 것으로 상정하기도 한다. 현재 진장성은 갈석산 동쪽의 산해관(山海關)까지 축조되어 있는데, 이것은 명(明)나라 초기에 서달(徐達) 장군이 영토를 확장해 증축한 것이다. 진장성이 그 이전에 청천강 유역까지 축조되어 있었다면 어찌해서 확장해 쌓은 진장성이 그전보다 중국 쪽으로 깊이 들어간 산해관까지일 수가 있겠는가? 이 점을 보더라도 고조선과 중국의 국경은 지금 진

장성이 축조되어 있는 산해관보다 서쪽인 난하와 갈석산 지역이
어야 하는 것이다.

제2장

고조선의 정치

고조선의 국가 구조

고조선은 많은 거수국을 거느린 거수국제국가[渠帥國制國家: 중국식으로 말하면 봉국제국가(封國制國家)]였다.[77] 『시경』「한혁」편과 『제왕운기』는 고조선이 많은 거수국을 거느린 국가였음을 전하고 있다. 이것은 동아시아의 고대국가는 마을연맹체들이 통합되어 형성되었다는 보편적 사실과 일치한다.

지난날 일부 학자들은 한국의 고대국가를 성읍국가라 했다. 한국의 고대국가도 그리스와 같은 도시국가였을 것으로 보고, 한국의 옛 문헌에 도시에 해당하는 성읍이라는 단어가 보이므로 성읍

---

77   윤내현, 앞의 글 「고조선의 국가 구조」, 『고조선 연구』, pp. 426~486.

국가라 명명했던 것이다. 그러나 한국과 그리스는 다르다. 그리스는 토질이나 자연환경이 농경에 알맞지 않아 자급자족이 불가능했기 때문에 그리스 사람들은 자신들이 생산한 포도주와 올리브 기름 등을 가지고 에게해를 건너가 다른 물품들과 바꾸어 와야 했다. 이렇게 상업을 위주로 생활해야 했기 때문에 그들은 상업하기 좋은 아테네와 같은 항구로 모여들어 도시를 이루게 되었고, 그것이 발전해 국가가 되었다. 이것이 도시국가다.

그러나 한국은 토질이나 자연환경이 농경에 알맞아 각 마을은 자급자족이 가능했다. 따라서 자연마을들은 그대로 존속되었고, 사람들은 한곳에서 자자손손 살게 되었다. 이러한 마을들이 후기 신석기시대에 이르러 마을연맹체를 형성했으며, 청동기시대에 이르러서는 가장 강한 마을연맹체가 다른 마을연맹체들을 복속시켜 나라를 세웠다. 이것이 고조선이었다.

따라서 고조선의 기초는 마을이었다. 고조선은 한반도와 만주 전 지역에 산재해 있던 마을들이 그 기초를 이루고 있었던 것이다. 각 마을은 일정한 지역의 마을연맹체에 속해 있었고, 각 마을연맹체는 중앙의 환웅족 마을연맹체에 속해 있었다. 최고 통치자는 환웅족 출신의 단군이었다. 그러므로 고조선의 국가 구조는 많은 마을들이 그물처럼 조직된 것으로서 마을집적국가 또는 부락집적국가라고 부를 수 있다. 그리스의 도시국가와는 구조가 달랐다. 이는 자연환경의 차이에서 온 것이었다.

고조선이 건국된 후 각 마을연맹체는 거수국이라 불렸고, 그 우두머리를 거수(渠帥)라 했다. 거수국은 대부분 고조선이 건국되기 전부터 각 지역에 있었던 마을연맹체들이 성장한 것이었으나, 고조선이 건국된 후 필요에 따라 새로 건설된 것도 있었을 것이다.

당시에는 통치 조직이 발달하지 못했으므로 중앙에서 모든 백성을 직접 지배하지 못하고, 각 지역 마을연맹체의 우두머리를 거수로 삼아 그들로 하여금 자기의 봉지를 다스리도록 하고 중앙의 단군은 거수만을 다스렸다. 따라서 거수들은 신분이 대등했고, 모두가 단군을 그들의 통치자로 받들면서 명령에 복종하고 동일한 법을 따르며 정치적 · 경제적 · 군사적으로 일정한 의무를 이행해야 했다.

단군이 거주한 마을은 고조선의 종교와 정치, 경제의 중심지로서 도읍이었고, 거수가 거주한 마을은 거수국의 종교와 정치, 종교의 중심지로서 국읍(國邑)이었다. 그리고 그 아래에 일반 마을인 읍(邑) 또는 읍락(邑落)이 있었다.

그런데 고대국가에서는 종교가 정치보다 위에 있었기 때문에 정치적 중심지인 도읍 위에 종교적 중심지인 성지가 있었다. 정치적 중심지인 도읍은 필요에 따라 이동이 가능했지만, 종교적 중심지인 성지는 이동이 불가능했다. 고조선의 종교적 · 정신적 중심지는 환웅이 거주했다는 신시였을 것이다.[78]

단군은 때때로 신시에 가서 고조선의 최고신인 하느님에게 종

---

[78] 신시의 위치에 대해서는 백두산설과 묘향산설이 있으나, 백두산설이 우세하다.

교의식을 거행하고 왕실과 국가의 평안을 빌었을 것이며, 그곳에서 군사 열병을 비롯한 국가의 중요한 행사를 거행했을 것이다. 그러므로 도식적으로 말한다면 고조선은 맨 위에 신시, 그 아래에 도읍, 그 아래에 국읍, 그리고 맨 아래에 읍락이 있는 국가 구조를 한 마을집적국가 또는 거수국제국가라고 말할 수 있는 것이다.

한국과 중국의 옛 문헌에는 고조선과 동시대에 고조선의 영토 안에 위치했던 작은 나라들의 명칭이 보인다. 이들은 고조선의 거수국이었을 것이다. 그 이름을 들면 부여(扶餘), 고죽(孤竹), 고구려(高句麗), 예(濊), 맥(貊), 추(追), 기자국(箕子國), 진번(眞番), 낙랑(樂浪), 임둔(臨屯), 현도(玄菟), 숙신(肅愼), 청구(靑丘), 양이(良夷), 양주(楊州), 발(發), 유(兪), 옥저(沃沮), 진(辰), 비류(沸流), 행인(荇人), 개마(蓋馬), 구다(句茶), 조나(藻那), 주나(朱那), 한[韓, 삼한(三韓)] 등이다. 문헌에 기록되지 않은 거수국이 많을 것이므로 실제로는 이보다 훨씬 많은 거수국이 있었을 것이다.

이 가운데 부여, 고죽, 고구려, 예, 맥, 추, 기자국, 진번, 낙랑, 임둔, 현도, 숙신, 청구, 양이, 양주, 발, 유, 옥저 등은 지금의 요서 지역에 있었고, 진, 비류, 행인, 개마, 구다, 조나, 주나, 한 등은 지금의 요하 동쪽의 만주와 한반도에 위치해 있었다.[79]

79 윤내현, 앞의 글 「고조선의 국가 구조」, 『고조선 연구』, pp. 426~486.

고조선의 통치 조직

고조선의 통치 조직은 종교적 조직과 혈연적 조직으로 나누어 볼 수 있다. 고조선의 최고 통치자는 단군이었는데, 그는 종교의 최고 지도자이기도 했다. 고조선에서는 최고 통치자를 한(韓, 汗)이나 검(儉)이라고도 불렀는데, 단군이라는 칭호는 종교적 의미가 강한 칭호로서 중국의 천자와 같았고, 한이나 검은 정치적 의미가 강한 칭호로서 중국의 왕이나 황제와 같았다.

고대사회에서는 신이 인간만사와 자연현상을 모두 섭리한다고 믿었는데, 고조선에서는 단군을 하느님의 뜻을 지상에 실현하는 하느님의 대리인이라고 믿었다. 따라서 단군의 권위는 종교가 뒷받침하고 있었다. 고조선의 통치에는 종교가 크게 작용하고 있었기 때문에 한이나 검이라는 단순한 정치적 칭호보다는 종교적 뜻을 지닌 단군이라는 칭호가 훨씬 권위가 있었다.

단군이라는 명칭은 직책의 이름이었으므로 대대로 계승되었다. 『규원사화(揆園史話)』와 『단기고사(壇奇古史)』, 『환단고기(桓檀古記)』 등에는 단군왕검으로부터 단군고열가에 이르기까지 모두 47명의 단군과 그들의 치적에 대한 기록이 실려 있다. 그러나 이 책들은 너무 후대에 출간되었기 때문에 그 내용을 믿지 않는 학자들이 있어 앞으로의 연구 과제로 남아 있다.

인류가 신을 숭배한 것은 무리사회부터였는데, 마을사회시대에 각 마을은 나름의 수호신을 가지고 있었다. 마을연맹체를 형성하면서 그 구성원들의 신들도 연맹을 맺게 되었는데, 추장을 배출해 마을연맹체의 중심이 된 마을의 수호신이 높은 지위에 있고, 다른 신들은 그 아래에 위치했다. 그 후 가장 강한 마을연맹체가 다른 마을연맹체들을 복속시켜 국가를 출현시킴에 따라 가장 강한 마을연맹체의 수호신은 국가의 최고신이 되었고, 그 아래에 거수국 (이전의 마을연맹체)의 수호신이 자리하게 되었으며, 다시 그 아래에 일반 마을의 수호신이 위치했다. 신의 계보가 형성된 것이다.

그러므로 고조선에서는 최고 통치자인 단군을 배출한 환웅족의 수호신인 하느님이 최고신이 되었고, 그 아래에 고구려의 곰신, 예족의 범신 등 거수국의 수호신들이 위치했으며, 그 아래에 일반 마을의 수호신들이 위치했던 것이다. 이렇게 신들을 계보화해 중앙에서 단군이 그 의식을 관리함으로써 고조선을 구성한 여러 거수국의 유대를 종교적으로 강화했던 것이다.

『후한서』 「동이열전」과 『삼국지』 「동이전」의 〈한전(韓傳)〉은 고조선의 거수국이었다가 고조선이 붕괴되자 독립한 한에 대해 설명하면서 한의 거수국 국읍에는 하느님에 대한 제사를 주제하는 사람이 있는데 그를 천군(天君)이라 부른다고 했다. 그리고 이와는 별도로 소도(蘇塗)라는 종교 성지가 있었는데 그곳에서 귀신을 섬긴다고 했다.[80]

---

80 『삼국유사』 권1 「기이」 〈고조선〉조에 의하면, 환웅이 내려온 곳에 신단(神壇)이 있었으며, 『후한서』 권85 「동이열전」과 『삼국지』 권30 「오환선비동이전」 〈한전〉에 의하면, 한의 거수국에 천군과 소도가 있었다.

이러한 종교 조직이나 의식은 고조선으로부터 이어졌을 것이다. 한의 각 국읍에 천군이 있었다는 것은 고조선의 최고신인 하느님을 섬기는 조직이 거수국까지 이어졌으며, 소도는 거수국 나름의 수호신을 섬기는 성지였다는 사실을 말해준다. 고조선의 중앙에서는 단군이 정치와 종교를 모두 관장하고 있었는데, 거수국에서는 거수는 정치만을, 천군은 종교만을 관장하는 분권이 행해졌던 것으로 보인다. 이러한 종교 조직은 고조선의 모든 거수국이 같았을 것이다.

거수는 자신이 중앙의 단군으로부터 종교의식을 일부 나누어 받은 것처럼 그것을 자신의 아래 신분 사람에게 나누어 주기도 했다. 그것은 기자국의 준왕(準王)과 위만(衛滿)의 관계를 통해 알 수 있다. 『위략(魏略)』에는 기자의 후손으로 고조선의 기수로 있던 준왕이 서한으로부터 망명한 위만이 서쪽 국경에 살면서 서한의 침공을 방어하겠다고 하자 그를 박사(博士)로 제수하고 규(圭)를 하사했으며, 사방 백 리의 땅을 봉지로 주었다고 기록되어 있다.[81]

규는 후에 신분을 표시하는 홀(笏)로 변했지만, 원래는 종교의 예기(禮器)였다. 준왕이 위만에게 규를 하사했다는 것은 종교의식을 나누어 주었음을 의미한다. 고대사회에서의 신분은 그 사람이 종교 안에서 갖는 위치에 의해 뒷받침되었으므로 위만은 박사 신분에 알맞은 종교를 나누어 받았던 것이다.

81　『삼국지』 권30 「오환선비동이전」 〈한전〉의 주석으로 실린 『위략』.

이상과 같이 고조선은 단군을 정점으로 하여 그 아래 신분에게 종교를 나누어 주는 원추형의 종교 조직을 가지고 있었다. 이러한 종교적 권위와 조직을 통해 단군은 신권통치(神權統治)가 가능했던 것이다.

고조선에서는 혈연 조직도 통치 조직으로 작용하고 있었다.『삼국유사』「왕력(王曆)」편의 〈고구려〉조에서는 "고구려의 동명왕(東明王)은 단군의 아들"이라 했고, 같은 책「기이」편의 〈고구려〉조와 〈북부여〉조 및 『제왕운기』에서는 부여의 해부루왕(解夫婁王)도 "단군(해모수)의 아들"이라 했다.『제왕운기』의「한사군 및 열국기」에서는 고조선의 거수국이었던 비류국(沸流國)의 왕 송양(松讓)은 단군의 아들이라 했고, 고조선의 붕괴와 더불어 독립국이 된 한, 부여, 비류, 신라, 고구려, 남옥저, 북옥저, 동부여, 북부여, 예, 맥 등 여러 나라도 모두 단군의 후손이라 했다.

단군은 고조선의 통치자를 말하고 고대 문헌에서 아들이라는 표현은 후손을 뜻하므로 이들은 고조선의 통치자인 단군의 후손이었다고 보아야 할 것이다. 이들은 모두 고조선의 거수국이었다가 고조선이 붕괴되자 독립한 나라들이므로 이 기록은 고조선의 거수 가운데 단군의 아들이나 후손이 있었음을 의미한다. 고조선의 통치 조직에 혈연 조직이 있었던 것이다.

이러한 사실은 한의 제도를 통해서도 확인된다.『후한서』「동이열전」〈한전〉에서는 한에는 마한(馬韓), 진한(辰韓), 변진(弁辰) 지역이 있고 모두 78개의 거수국이 있는데, 한의 왕이나 거수들은 모두 마한 종족에서 나온다고 했다. 거수들을 배출한 마한 종족은 일반 서민은 아니었을 것이며, 왕의 근친이었을 것이다. 한은 원래 고조선의 거수국이었으므로 이러한 제도는 고조선의 것을 계승했을 것이다.

이상의 기록들은 고조선에서 단군의 아들이나 근친을 거수로 봉했음을 말해준다. 고조선 초기에는 각 지역 마을연맹체의 추장을 거수로 봉했기 때문에 대부분의 거수들은 단군과 혈연적 관계가 없었다. 그러나 후기로 오면서 통치 조직을 강화하기 위해 단군의 아들이나 근친을 거수로 봉했을 것이다. 이러한 혈연 조직과 종교 조직은 고조선을 통치하는 양쪽의 수레바퀴와 같은 역할을 했을 것이다.

단군은 나라를 다스리기 위해 강한 군사력도 필요했다. 군사는 외적의 침략을 방어하기도 하지만, 고대사회에서는 통치의 도구로서도 중요한 역할을 했다. 고조선은 군사적으로 매우 강한 나라였다. 중국의 전국시대인 서기전 3세기 초에 연나라 장수 진개(秦開)가 고조선을 침략한 사건이 있었다. 고조선은 예기치 못했던 침략을 받아 일시 후퇴했지만, 이를 축출하고 오히려 연나라의 동부 땅을 빼앗아 침략을 응징했다.[82] 당시 중국은 춘추전국시대의 오랜 전쟁을 치르면서 전략과 전술 및 무기가 매우 발달해 있었고, 이러한 소용돌이 속에서 연나라는 실전 경험을 많이 가지고 있었

---

82   윤내현, 「고조선의 경제적 기반」, 『고조선 연구』, pp. 558~559 참조.

다. 이렇게 강한 연나라의 땅을 빼앗아 침략을 응징했다는 사실은 고조선의 국력이 매우 강했음을 말해준다.

　고조선 지역에서 출토된 청동, 철, 뼈 등을 이용한 갑옷과 투구의 부품을 보면 고조선의 갑옷과 투구가 아주 우수했음을 알 수 있다.[83] 고조선에서 생산된 우수한 활은 대개 육박전이었던 당시의 전쟁에서 매우 큰 위력을 발휘했을 것이다. 그리고 고조선의 여러 유적에서는 동검을 비롯해 청동제의 창, 화살촉, 방패, 투구 등 무기류가 많이 출토되는데, 고조선 후기의 한 유적에서는 1,000여 점의 청동기가 출토되기도 했다. 이러한 우수한 갑옷과 투구 및 무기류와 청동 유물의 출토 상황은 고조선이 강한 나라였음을 뒷받침해준다.

83　박선희, 「고조선의 갑옷 종류와 특징」, 『한국 고대 복식』, 지식산업사, 2002, pp. 547~612.

제3장
고조선의 경제와 사회

고조선의 경제

고조선 경제의 기초는 농업이었다. 지역에 따라 사냥, 고기잡이, 그러모으기가 병행되기도 했지만, 그것은 주류가 아니었다. 고조선시대의 유적에서 농기구가 많이 출토되는 것을 보면 이러한 사실을 알 수 있다.

고조선시대의 유적에서 지금까지 출토된 곡물은 벼, 보리, 조, 기장, 콩, 팥, 옥수수, 수수, 기장수수, 피 등이다. 이러한 사실은 고조선에서 오곡을 비롯한 매우 다양한 곡물을 재배했음을 말해준다. 이러한 다양한 곡물의 재배는 고조선시대에 갑자기 이루어진 것은 아니며, 고조선이 건국되기 훨씬 전부터 재배되었을 것이다.

이와 같이 재배 곡물이 다양한 것은 농경이 매우 발달했음을 뜻한다. 고조선시대의 유적에서 돌반달칼, 돌낫, 돌삼각칼 등 추수용 농구가 많이 출토되는 것은 곡물 재배가 일반화되었고 매우 성행했음을 보여준다. 대전시 귀정동에서 출토된 청동기에는 사람이 따비로 밭을 가는 그림, 괭이로 땅을 파는 그림, 사람이 수확물을 그릇에 담는 그림 등이 새겨져 있는데,[84] 당시 이러한 농경 방법이 일반화되어 있었음을 보여준다.

고조선시대의 전기와 중기는 청동기시대였고, 후기에 철기가 보급되었다. 청동기는 주로 지배 신분의 권위를 뒷받침하는 용도로 사용되었다. 지배 신분의 무력을 뒷받침하는 무기라든가 종교적 권위를 뒷받침하는 예기, 사회적 신분을 뒷받침하는 장신구 등으로 사용되었다.

청동기의 재료인 구리나 주석은 귀한 물질이었다. 따라서 청동기는 농구로서 일반화될 수 없었다. 고조선의 중심부인 요하 유역에서는 청동으로 만든 무기류, 마구류와 함께 도끼, 끌, 칼, 송곳 등의 공구도 출토되었다. 그러나 이러한 청동 공구는 부분적으로 농경을 위한 벌목용으로도 사용되었겠지만, 대개는 나무 농구, 수레, 배 같은 것을 만드는 데 사용되었고, 청동 공구 자체가 농구로서 보편화되지는 못했다. 평안북도 주의리에서는 나무로 만든 보습과 수레바퀴가 출토되었는데, 이것들은 청동 공구를 사용해 만

---

84 한병삼, 「선사시대 농경문청동기에 대하여」, 『고고미술』 112, 한국미술사학회, 1971, pp. 2~13.

든 것들이었다.[85]

고조선시대의 농구는 석기와 목기, 골각기 등이었다. 이러한 농구를 사용한 당시의 농경은 이전 시대보다는 발달했다고 하지만, 아직도 농구는 물론 기술 면에서도 부족한 점이 많았다. 석기, 목기, 골각기 등으로는 넓은 토지를 개간할 수도, 땅을 깊이 갈 수도 없었다.

그러므로 생산을 증대하기 위해서는 협동노동이 필요했다. 한 마을 농민들이 공동으로 농경을 하는 집단농경을 했던 것이다. 농민들은 어느 정도 정돈된 토지 내에서 지배귀족의 관리를 받으며 집단농경을 했기 때문에 마을공동체의식이 아주 강했다. 거주지와 그 주변의 농경지를 포함한 농민의 마을공동체가 고조선 사회 구조의 기층을 형성하고 있었던 것이다.

고조선에서는 비교적 낮은 세금을 거두어들였다. 『맹자(孟子)』「고자(告子)」편에는 맥(貊, 貊) 지역에서는 수확의 20분의 1을 세금으로 거두어들인다는 기록이 있다.[86] 앞에서 확인된 바와 같이 맥은 고조선의 거수국 가운데 하나였다. 그러므로 위의 내용은 고조선의 세제를 말하는 것이다.

맹자가 맥을 예로 들어 이야기한 것은 고조선의 거수국 가운데 맥이 중국에 가장 가까이 있었기 때문이다. 그런데 수확의 20분의

---

85 김용간·석광준, 「남경 유적에서 나온 낟알을 통하여 본 팽이그릇 주민의 농업」, 『남경 유적에 관한 연구』, 과학백과사전출판사, 1984, pp. 191~202.

86 『맹자』 「고자장구(告子章句)」 하 〈백규장(白圭章)〉.

1이라는 세율은 매우 낮은 것이다. 당시 중국에서는 세율이 기본적으로는 수확의 10분의 2였지만 실제로는 그보다 훨씬 높아 10분의 5가 일반적이었으며, 때에 따라서는 10분의 8이나 9를 거두어들이기도 했다. 이로 보아 고조선 농민들의 생활은 중국 지역보다 안정되어 있었을 것이다.

고조선은 국제 교역도 활발했다.『관자(管子)』의「규도(揆道)」편과「경중갑(輕重甲)」편에는 중국의 춘추시대인 서기전 7세기에 고조선과 제(齊)나라가 교역한 사실이 기록되어 있는데, 고조선의 특산물로서 모직 의류와 표범가죽 등을 들고 있다.[87] 활과 화살, 화살촉 등도 중요한 수출품이었는데,[88] 『사기』「화식열전(貨殖列傳)」에는 고조선이 연나라와 교역한 사실이 기록되어 있다.[89]

서기전 7세기에 중국인들이 고조선의 특산물을 이미 알고서 교역을 했다는 것은 고조선과 중국 지역 사이의 국제 교역이 그보다 오래전부터 있어왔음을 의미한다. 비파형동검을 비롯한 고조선의 대표적 청동기가 중국의 하북성 일대에서 출토되는 것이라든가, 장강 이남의 남쪽 바다에서만 생산되는 보배조개가 만주 지역에서 출토되는 것 등은 고조선과 중국 지역 사이에 교류와 교역

---

87 『관자』권23「규도」「경중갑」.
88 고조선과 그 뒤를 이은 여러 나라에서 좋은 활을 생산했다는 기록과 더불어 사신이 중국을 방문할 때 이러한 활을 예물로 가져갔다는 기록이 중국의 옛 문헌에 자주 보인다.
89 『사기』권129「화식열전」.

이 있었음을 뒷받침한다.

이러한 국제 교역은 높은 수준의 수공업을 기초로 하여 가능했다. 그간 출토된 우수한 청동 제품과, 고조선 및 그 뒤를 이은 여러 나라를 명궁(名弓)의 생산지로 기록한 중국의 옛 문헌들이 이를 말해준다.

압록강 북부 유역의 고조선 유적인 성성초(星星哨)에서는 모직물이 출토되었는데, 개털실과 양털실을 섞어서 짠 것으로서 오늘날 생산되는 모직물 가운데 질이 다소 낮은 것과 같은 수준이었다.[90] 고조선에서는 수준 높은 가죽 제품과 모직물, 마직물, 사직물(실크), 면직물도 생산했다.[91] 이러한 옷감으로 고급 옷을 만들어 중국에 수출했던 것이다.

국제 교역은 지배 신분이 차지하고 있었고, 그들에게 막대한 경제적 이익을 가져다주었다. 한반도 북부와 만주 지역에서는 전국시대 연나라의 청동 화폐인 명도전(明刀錢)이 여러 유적에서 출토되었다. 출토된 수량도 매우 많아서 한 유적에서 4,000~5,000점이 출토되기도 했다.[92] 이러한 막대한 수량의 중국 화폐가 고조선 지역에서 출토된다는 사실은 고조선과 중국 지역 사이에 매우 활

---

90   吉林省博物館·永吉縣文化館, 「吉林永吉星星哨石棺墓第三次發掘」, 『考古學集刊』 3, 中國社會科學出版社, 1983, p. 120; 趙承澤, 「星星哨石棺墓織物殘片的初步探討」, 『考古學集刊』 3, pp. 126~127.

91   박선희, 「고대 한국의 가죽과 모직물」·「고대 한국의 마직물」·「고대 한국의 사직물」·「고대 한국의 면직물」, 앞의 책 『한국 고대 복식』, pp. 25~220.

92   사회과학원 고고학연구소, 『고조선 문제 연구』, 사회과학출판사, 1963, p. 29.

발한 교역이 있었음을 말해준다. 중국 지역과의 교역에서 얻어진 이익으로 고조선은 막대한 외화를 보유했다. 이러한 경제적 이익은 고조선 왕실과 통치 기구를 유지하는 경제 기초로 중요한 역할을 했을 것이다.

고조선에서는 연나라의 명도전 외에 독자적인 화폐도 사용했다. 교역의 발달로 상품 교역의 매개물인 화폐가 필요했던 것이다. 『한서』「지리지」에 기록되어 있는 고조선의 '범금팔조'에는 "남의 물건을 도적질한 사람은 그 주인의 노예가 되는 것이 원칙이지만 죄를 면하려면 50만 전을 물어야 한다"는 규정이 있다. 이 기록 가운데 50만 전이라는 화폐 단위에 대한 언급은 고조선에 독자적인 화폐제도가 있었음을 의미한다.

한반도 북부와 만주 지역의 여러 유적에서는 명도전과 함께 명화전(明花錢), 일화전(一化錢) 등의 청동 화폐가 출토되었다. 명화전과 일화전은 지금의 난하 서쪽의 중국 지역에서는 출토된 예가 없고, 고조선 영토 내에서만 출토되었다.[93] 이러한 사실은 명화전과 일화전이 고조선 화폐였음을 뜻하며, 범금팔조의 화폐에 관한 내용을 뒷받침한다.

---

93   사회과학원 고고학연구소, 위의 책『고조선 문제 연구』, p. 60.

고조선 사회는 대체로 지배귀족, 평민, 서민, 노예 등으로 신분이 나뉘어 있었다. 이 가운데 노예는 사람으로 대우받지 못했고 동물이나 물건과 같이 재산으로 취급되었기 때문에 엄격하게 말하면 사람의 신분에 포함되지 않는다.

지배귀족은 단군을 정점으로 하여 종교 지도자들인 선인(仙人),[94] 각 지역의 통치를 맡고 있는 거수, 단군과 거수의 통치를 보좌하기 위해 설치된 상(相), 장군(將軍), 대부(大夫), 박사(博士) 등 여러 종류의 문관과 무관 관료들이 주축을 이루고, 그들과 혈연관계에 있는 사람들로 구성되어 있었다. 그들은 사회적 신분이 높았을 뿐만 아니라 정치적 권력과 경제적 이권도 차지하고 있었다. 농경지도 대부분 그들이 차지하고 있었다.

평민은 지배귀족으로부터 분열되어 나온 사람들로, 자신의 노력으로 공지를 개간해 생활하는 사람들이었다. 이들은 자유농민 또는 자경농민으로서 민(民)이라 불렸다. 이들 가운데는 부유한 사람들이 있었는데, 이들을 호민(豪民)이라 불렀다. 민과 호민은 사회 신분은 동등했지만 경제적으로 차이가 있었다.

서민은 농민, 수공업자 등으로 구성되어 있었지만 농민이 주류

---

94 『삼국사기』 권17 「고구려본기」 〈동천왕〉 21년조. 단군왕검을 '선인왕검(仙人王儉)'이라고 부른 기록이 확인되는데, 단군을 종교 지도자로 부를 때는 선인이라고도 했음을 알 수 있다.

를 이루었는데, 이들을 하호(下戶)라 했다. 수공업자에는 청동기, 질그릇, 골각기 등의 제조자가 포함되어 있었는데, 이들은 대부분 지배귀족을 위해 봉사했다. 농민들은 마을 구성원이 집단으로 경작하는 마을공동체를 이루고 있었다. 이러한 마을공동체가 고조선 사회의 기층을 이루었을 뿐만 아니라 고조선 인구 가운데 가장 많은 비율을 차지하고 있었다.

노예는 가장 낮은 신분으로 노비(奴婢)라 불렸는데, 사람으로 대우를 받지 못했고, 동물이나 물건과 같이 재산으로 취급되었다. 따라서 그들에게는 공법은 적용되지 않았고, 그들의 생사에 대한 권한은 그의 주인이 가지고 있었다. 고조선 사회에 노예가 있었음은 범금팔조의 내용에 남의 물건을 도적질한 사람은 그 주인의 노예가 된다는 규정이 있는 것에서 확인되며, 전쟁 포로가 노예가 되는 경우가 가장 많았다.

요동반도 지역에서 발굴된 고조선 후기의 무덤인 강상묘(崗上墓)와 누상묘(樓上墓)는 규모가 매우 클 뿐만 아니라 강상묘에는 백여 명, 누상묘에는 수십 명에 달하는 순장된 사람들이 있었는데, 이러한 순장인은 노예였을 것이다.[95] 많은 노예가 순장되었다는 사실은 고조선 사회에 적지 않은 노예가 있었으며, 매우 강한 권력과 재력을 가진 지배귀족 신분이 있었음을 말해준다.

---

95 韓·中合同考古學發掘隊 著, 東北アジア考古學研究會 譯, 『崗上·樓上』, 六興出版社, 1986, pp. 76~118.

요동반도 금현(金縣)의 와룡천묘(臥龍川墓)는 강상묘나 누상묘 보다 훨씬 규모는 작았으나 순장된 사람이 있었는데,[96] 신분이 아주 높지 않은 귀족들도 노예를 소유하고 있었음을 알 수 있다. 이러한 노예들이 구체적으로 어떠한 일을 담당했는지는 아직 확실하게 알 수가 없다.

고조선의 사회 구조는 기본적으로 여러 씨족이 상하로 층위 관계를 형성하고 있었다. 앞에서 말한 바와 같이 고조선은 여러 거수국을 거느린 거수국제국가였다. 대체로 각 지역의 거수국은 원래 각 지역에 있었던 마을연맹체들이었는데, 그들이 환웅족 마을연맹체에 복속되어 고조선이 성립되었다. 환웅족 마을연맹체 안에서는 단군 일족이 가장 높은 지위를 차지하고 있었고, 그보다 다소 낮은 위치에 환웅 씨족 전체가 자리하고 있었으며, 환웅 씨족과 혈연관계가 없는 다른 씨족들은 그 기층을 형성하고 있었다.

따라서 단군 일족이 고조선의 최고 지배귀족이었다. 지배귀족 가운데 특수한 신분으로 종교 지도자들이 있었는데, 이들을 선인이라 불렀다. 단군도 선인 가운데 한 사람으로, 그 조직의 최고 지도자이기도 했다. 한편 거수국은 각 지역의 마을연맹체였으므로 거수 일족이 그 지역의 지배귀족이었고, 다른 씨족은 그 기층을 형성하고 있었다.

---

96 韓·中合同考古學發掘隊 著, 東北アジア考古學硏究會 譯, 『崗上·樓上』, pp. 119~125.

이상과 같이 고조선의 사회 신분은 맨 위에 단군과 그 일족, 그 아래에 선인들과 그 일족, 그 아래에 단군의 씨족, 그 아래에 거수와 그 일족, 그 아래에 여러 종류의 관료와 그 일족, 그 아래에 평민, 맨 아래에 서민이 있었다. 따라서 고조선의 사회 구조는 여러 씨족이 상하로 층위를 형성하고 있었다고 말할 수 있다.[97]

그런데 고조선 말기인 서기전 5세기 이후 철기가 일반화되면서 마을집적국가의 구조는 와해되기 시작했다. 철기는 농구로 널리 보급되었는데, 철제 농구는 노동 능률을 높여 넓은 토지의 개간을 가능하게 했다. 이렇게 되자 종래에는 거주지 주변의 개간이 가능한 좁은 땅만 경제적 가치가 있었으나, 이제는 모든 땅이 경제적 가치를 지니게 되었다.

토지의 가치에 대한 관념이 거주지와 그 주변 농경지로 구성된 마을 단위에서 토지의 면적을 중요시하는 것으로 바뀌었다. 그 결과, 지배귀족은 더 넓은 토지를 소유하기 위해 토지 쟁탈전을 벌였고, 후에는 거수국들까지도 더 넓은 영토를 차지할 필요가 있다는 생각을 갖게 되었다. 토지의 가치를 면적으로 생각하는 경제관념의 변화는 거수국들로 하여금 넓은 영토를 가지는 것이 유리하다는 생각을 하도록 만들어 마을집적국가 구조의 붕괴를 가져왔고, 이는 고조선 멸망의 요인으로 작용했다. 그 결과, 영역국가(領域國家)를 추구하는 열국시대가 출현했던 것이다.

97　윤내현, 「고조선 사회의 신분 구성」, 『고조선 연구』, pp. 623~650.

철제 농구에 의한 노동 능률의 향상은 집단 농경을 와해시켜 마을공동체의식을 약화했다. 철제 농구의 사용으로 개개인의 노동 능률이 향상됨으로써 집단농경의 필요성이 약화되었던 것이다. 따라서 토지 소유주인 지배귀족과 농민 사이의 생산 관계가 씨족이나 마을 단위가 아닌 1가(家)나 1호(戶) 단위로 변했다. 이러한 변화는 집단농경에 의한 마을공동체의식과 종래의 사회 질서를 와해해 고조선 사회의 동요를 가져왔다. 철제 농구의 사용으로 생산량이 증대됨에 따라 작은 토지를 소유한 사람들도 점차 늘어났는데, 이러한 현상도 사회 변화에 상당한 작용을 했다.

제4장
고조선의 문화

고조선의 종교와 예술

　고조선 문화의 중심은 다른 지역의 고대사회와 마찬가지로 종교였다. 고조선의 종교는 선교(仙敎)였다.[98] 선교의 핵심 사상은 '단군신화'에 함축되어 있는데, 그것은 고조선이 건국되기 전부터 전해 내려오다가 고조선 건국과 더불어 한민족의 종교와 사상으로 확산되었다.

　선교는 하느님을 최고신으로 숭배했다. 선교를 주재한 최고 지

---

[98]　최치원은 난랑비(鸞郎碑) 서(序)에서 말하기를 "신라에는 현묘한 도가 있으니 이를 풍류라 한다. 그 교(敎)의 기원은 선사(仙史)에 자세히 실려 있다"라고 했다. 이 기록에서 선교라는 명칭이 확인된다.(『삼국사기』 권4 「신라본기」 〈진흥왕〉 37년조 참조)

도자는 단군이었다. 단군을 포함한 선교의 지도자들을 선인이라 했다.[99] 고조선에는 종교적 중심지로 하늘에 의식을 행하는 신단이 있었으며, 그래서 선인을 신선(神仙)이라고도 했다. 이러한 신선사상은 후에 중국 도교의 형성 과정에서 중요한 요소가 되었다.

선교의 정치사상과 사회사상의 요체는 인간을 널리 이롭게 하고 더불어 행복한 사회를 만드는 것을 목표로 하는 '홍익인간' 이념이었다. 단군신화에 의하면, 태백산이 인간을 널리 이롭게 하기에 알맞은 곳이므로 환웅은 그곳에 신시를 베풀었다. 따라서 홍익인간 이념은 고조선 건국 이전부터 존재하다가 고조선 건국과 더불어 한민족 전체의 이념으로 확산되었던 것이다.

하느님의 아들인 환웅은 지상에 내려와 인간을 지배하거나 인간들로부터 경배를 받은 것이 아니라 홍익인간 이념을 실천해 더 좋은 인간사회를 만들기 위해 노력했다. 신과 인간이 더불어 번영하는 사회를 만들고자 했던 것이다. 이로 보아 고조선인들의 종교관은 현실 사회를 천국이나 극락 같은 세상으로 만들고자 했던 것으로 생각된다.

고조선에서는 수확의 20분의 1이라는 낮은 세율의 세금을 거두어들였다. 이렇게 낮은 세금을 거두어들이면서도 국가 운영이 가능했던 것은 왕릉을 크게 만들지 않고, 종묘와 궁궐도 크게 짓지 않으며, 관직도 꼭 필요한 것 외에는 설치하지 않고, 대신들 사이

---

99 『삼국사기』 권17 「고구려본기」 〈동천왕〉 21년조.

에 폐백도 주고받지 않았기 때문이다.[100]

고조선의 낮은 세금 정책은 지배층이 피지배층을 심하게 착취하지 않았으며, 왕실을 비롯한 고조선의 지배층은 매우 검소하고 절약하는 정치를 했음을 보여준다. 이러한 정치는 홍익인간 이념을 실현하려는 의지의 소산이었을 것이며, 지배 신분과 피지배 신분 사이에 갈등이 심하지 않은 사회를 유지시키는 데 기여했을 것이다.

고조선의 뒤를 이은 부여에서는 영고, 고구려에서는 동맹, 동예에서는 무천, 한에서는 5월제와 10월제라고 부르는 제천의식이 있었는데, 그 의식에는 전국의 모든 사람이 참여해 남녀 상하 차별 없이 밤낮 계속해서 음식을 먹고 술을 마시며 노래와 춤을 즐겼다.[101] 이러한 의식은 고조선의 풍속을 계승한 것인데, 이로 보아 고조선 사회는 신분에 대한 차별 대우가 심하지 않았음을 알 수 있다. 이처럼 고조선에서 경제적으로나 사회적으로 차별 대우를 심하게 하지 않았던 것은 홍익인간 이념이 정치와 사회에 반영되었기 때문이었을 것이다.

선교의 사상은 우주의 질서를 3원론으로 보고 있으며, 서로 상반된 것을 대립이 아닌 조화와 융합으로 설명했다. 단군신화의 내용은 하늘에서 온 환웅, 땅의 곰, 인간인 단군을 기본으로 하여 구

---

100 『맹자』「고자장구」하 〈백규장〉.
101 『후한서』권85 「동이열전」; 『삼국지』권30 「오환선비동이전」 〈동이전〉.

성되어 있는데, 이것은 우주의 구성을 하늘과 땅, 사람이라는 3원론으로 보고 있었음을 의미한다. 그리고 하늘로부터 내려온 환웅이 곰녀와 결혼해 단군을 낳았다는 것은 하늘과 땅을 대립적 존재가 아니라 조화와 융합의 존재로 파악하고 있었음을 보여주는데, 그것은 정반합의 소박한 변증법이기도 하다.

중국사와 비교해볼 때 한국사의 특징 가운데 하나는 규모가 큰 농민 봉기가 적었고, 한 왕조가 오래 계속되었다는 점이다. 중국은 대개 농민 봉기에 의해 왕조가 교체되었는데, 한국은 그렇지 않았다. 한국 사회가 이러한 특징을 지니게 된 것은 인간을 널리 이롭게 하고 더불어 행복한 사회를 만들어야 한다는 홍익인간 이념과 모든 일을 조화와 융합으로 해석하고 실천하려는 정신이 정치와 사회에 반영되었기 때문이었을 것이다.

고조선에는 수준 높은 문학 작품도 있었다. 조선시대까지 전해오다가 사라진, 신지(神誌)가 시적 표현으로 저술했다는 『신지비사(神誌祕詞)』가 있었고, 중국 진(晉)나라의 최표(崔豹)가 편찬한 『고금주(古今註)』에는 고조선의 곽리자고(霍里子高)의 부인 여옥(麗玉)이 지은 「공후인(箜篌引)」이 전해 오고 있다. 그 내용은 다음과 같다.

> 님아 가람 건너지 마소(公無渡河)
>
> 님은 그예 건너시네(公竟渡河)
>
> 물에 들어가 돌아가시니(墮河而死)

전해 오는 바에 의하면, 어느 날 새벽 곽리자고가 강가에 나갔다가 머리가 하얀 노인이 아내의 만류를 뿌리치고 강물 속에 뛰어들어 죽자 그의 아내가 공후를 타며 슬피 울다가 자기도 강물에 몸을 던져 죽는 것을 보았다. 그것을 곽리자고가 그의 아내 여옥에게 말하자 여옥이 늙은 부부의 비극적 운명을 공후를 타며 자기의 감정으로 노래한 것이 「공후인」이라 한다.

이러한 내용은 고조선에 시를 짓고 그것에 곡을 붙여 노래를 만들 수 있는 능력을 가진 여인들이 상당히 많았으며, 고조선에는 공후라는 현악기가 있었음을 말해준다. 물에 빠져 죽은 노인의 아내와 여옥이 모두 공후를 가지고 있었다면 그 악기는 상당히 널리 보급되어 있었을 것이다. 고조선에는 '고'라고 불리는 현악기도 있었던 듯하다. '고'가 공후와 어떤 차이가 있었는지는 알 수 없지만, 고구려의 고는 거문고, 가야의 고는 가야고(伽倻琴), 백제의 고는 백제고(百濟琴), 신라의 고는 신라고(新羅琴)라 불렸던 점으로 보아 이 악기들은 고조선시대에는 고라고 불렸던 것이 후에 지방적 특징을 보이면서 각각 다른 명칭을 갖게 되었던 듯하다.[102]
함경북도 서포항 유적의 고조선시대 문화층(청동기문화층)에서는

---

102 송방송, 「한국 음악의 원류」, 『한민족』 창간호, 한민족학회, 1989, pp. 107~127.

뼈로 만든 피리가 출토되었는데,[103] 이러한 악기는 상당히 널리 사용되었을 것이다.

이상과 같은 악기들은 제천의식과 같은 종교의식은 물론이고 일상생활에서도 사용되었을 것이다.

고조선의 과학 기술

고조선의 과학 기술은 크게 청동기와 철기로 나눌 수 있고, 청동기는 다시 전기, 중기, 후기로 나뉘는데, 후기의 세형동검 시기는 엄격하게 말하면 철기시대에 해당한다. 고조선 지역의 청동기문화 개시 연대는 서기전 2500년경이므로 고조선의 건국보다 170여 년 앞서고, 황하 중류 유역의 청동기문화보다 300여 년 빠르다.[104]

청동기문화 전기는 대체로 소형의 청동기가 출토되는 시기로, 유물을 보면 화살촉, 칼, 귀걸이, 반지, 바늘, 창 등과 함께 이것들을 만든 거푸집이 출토되어 이 유물들이 다른 곳에서 수입된 것

---

103 『조선유적유물도감 1: 원시편』, 조선유적유물도감편찬위원회, 1988, p. 148 사진 참조.
104 청동기문화 개시 연대는 한반도의 경기도 양수리 고인돌 유적과 전라남도 장천리 주거지 유적은 서기전 2500년경이고, 만주의 하가점 하층문화는 서기전 2410년경이다. 이에 비해 황하 유역의 이리두문화(二里頭文化)는 서기전 2200년경이다.

이 아니었음을 보여준다. 수량으로 보면 귀걸이와 반지가 가장 많고 화살촉과 칼이 그다음인데, 이것들은 모두 지배 신분의 권위를 뒷받침하는 데 사용되었다.

고조선의 청동기문화는 서기전 1000년경에 이르면 매우 높은 수준에 이르는데, 이 시기를 중기로 잡을 수 있다. 중기를 대표하는 청동기는 비파형동검이다. 이 시기에는 청동기의 주조 기술이 매우 발달해 비파형동검과 같은 우수한 청동기를 제조했을 뿐만 아니라 청동기의 종류와 수량도 증가했다. 여러 종류의 용기와 무기, 장신구, 거울, 수레와 말의 장식품 등이 이전보다 훨씬 넓은 지역에서 출토된다. 황하 유역과 가까운 요서 서부 지역에서는 황하 유역 청동기문화의 영향을 받은 유물들도 출토되지만, 기본적으로는 그 지역의 토착문화를 계승하고 있다.

이 시기에 황하 유역 문화의 영향이 나타난 것은 두 지역이 지리적으로 접해 있기 때문이기도 했겠지만, 서기전 12세기경 상나라가 주족에 의해 멸망한 후 상나라의 지배족이 고조선의 국경지대로 많이 이주해 왔기 때문이었다. 난하 유역에서는 상과 서주의 청동기도 출토되는데, 이는 상과 서주의 지배족이 그들의 왕국이 멸망한 후 고조선으로 망명해 왔음을 의미한다. 기자 일족도 그러한 망명 집단 가운데 하나였다. 황하 유역 청동기문화의 유입은 고조선의 청동기문화를 한층 풍요롭게 만들었다.

고조선의 청동기문화는 서기전 4세기경에 이르면 세형동검을 특징으로 하는 단계가 되는데, 이 시기를 청동기문화 후기로 볼 수 있다. 이 시기는 철기가 보편화된 시기이므로 실제로는 철기시대에 해당한다. 세형동검은 무기로서의 실용성과 조형적 예술성이 잘 조화를 이룬 우수한 공예품이다. 이 시기에 만들어진 세형동모도 기술 면에서 세형동검과 공통성이 있는 것으로서 고조선의 특징적인 무기다.

비파형동검과 세형동검은 모두 질이 우수하고 형태가 독특해 고조선 공예미술의 고유한 성격을 뚜렷이 보여준다. 이러한 특징적이고 발달된 청동기는 우수한 제조 기술을 필요로 한다. 요동반도의 강상묘에서는 직경 0.25밀리미터의 매우 가는 청동실로 짠 그물 장식품이 출토되었고, 경상북도 영천군 어은동에서는 말과 범 모양의 조각품이 출토되었는데, 날랜 짐승의 모습을 하고 있으며 매우 사실적이다. 이러한 유물들은 고조선의 청동기 공예 기술이 매우 정교하고 발달되어 있었음을 보여준다.

고조선 청동기문화의 특징 가운데 하나는 음식 그릇이나 술잔 등의 용기에 비해 청동 거울과 청동 방울, 청동 장신구 등이 많다는 점이다. 중국의 청동기는 무기를 제외하면 음식 그릇이나 술잔 등이 주류를 이룬다. 이러한 청동기들은 종교의식과 관계가 있는데, 고조선과 중국 지역의 청동기의 차이는 종교의식의 차이를 말해준다. 중국의 종교의식은 신에게 음식과 술을 바치는 것이 주된 것이었던 반면, 고조선의 의식은 청동 거울과 청동 방울 및 장신구 등을 사용해 춤을 추고 노래 부르는 것이 주된 것이었음을 알수 있다.

고조선에서 철기를 사용하기 시작한 것은 서기전 8세기경이었다.[105] 그러나 철기가 널리 보급된 것은 서기전 5세기경이고, 서기전 3세기에 이르러 보편화되었다. 이 시기에 이르면 출토된 농구의 90퍼센트 이상이 철기인 유적도 있다.[106] 서기전 3세기경의 유적에서는 철로 만든 장검, 단검, 창, 가지창, 과(戈) 등의 무기류와 괭이, 호미, 낫, 반달칼 등의 농구류 및 도끼, 자귀, 끌, 손칼, 송곳 등의 공구류가 출토되어 당시에 매우 다양한 철기가 제조되었음을 알 수 있다.

이 시기에 사용된 철기는 주조된 것이었다. 주철은 탄소 함유량에 따라 특성이 달라지는데, 고조선인들은 이러한 철에 대한 구체적인 지식도 가지고 있었다. 고조선인들은 주조하기는 쉬우면서도 쉽게 닳지 않는 백색 주철은 도끼 등의 공구를 만드는 데 사용했고, 탄소가 흑연 상태로 들어 있어 마찰에 잘 견디는 회색 주철은 수레바퀴 축의 끝 부분 등에 사용했다.

고조선 말기인 서기전 2세기경에는 제철 기술이 한층 발달해 강철을 생산했다. 강철 제품은 주조품은 물론 단조품도 만들어졌다. 단조품을 만들기 위해서는 철을 단련하는 과정에서 철 두드리기, 구부리기, 물을 사용해 열처리하기 등의 기술이 사용되었다. 제철 기술이 급속하게 발전하고 일반에게 널리 침투된 것은 철기

---

105 황기덕·김섭연, 「우리나라 고대 야금 기술」, 『고고민속논문집』 8, 과학백과사전출판사, 1983, pp. 170~173.
106 王增新, 「遼寧撫順市蓮花堡遺址發掘簡報」, 『考古』, 1964年 6期, pp. 286~293.

가 청동기에 비해 단단해 실용성이 있을 뿐만 아니라 고조선 지역에 청동기 원료에 비해 철의 원료가 풍부했기 때문이다.[107]

제철 기술의 발달은 청동기 제조 기술의 발전에도 도움을 주었다. 철기시대에 들어온 이후의 청동기가 이전 시대의 청동기보다 한층 다양하고 섬세하며 세련되었다는 사실이 이를 뒷받침한다.

---

107 고조선 철기의 발전 과정에 대해서는 윤내현, 「고조선의 과학과 예술」, 『고조선 연구』, pp. 732~737 참조.

제5장
고조선의 대외 관계

고조선과 이민족의 관계

고조선과 관계를 가졌던 지역은 중국 지역, 몽고와 내몽고 및 시베리아 지역, 왜열도 등 세 지역으로 나뉜다. 이 가운데 일찍부터 정치와 경제 면에서 잦은 교류를 가졌던 곳은 중국 지역이었고, 몽고와 내몽고 및 시베리아, 왜열도는 이보다 빈번하지 않았던 것으로 보인다.

고조선은 왕실이 직접 중국 지역과 교류를 갖기도 했지만, 대개는 중국 지역과 가까운 곳에 있었던 거수국이 교류를 가졌다. 중국 지역에 국가적 경사가 있을 때 고조선의 제후나 사신이 축하 사절로 중국 지역을 방문했던 것이다. 고조선의 국가적 행사에도 중국 지역의 사신이 참석했겠지만, 불행히도 한국에는 당시의 문헌이 남아 있지 않아 확인할 길이 없다.

『죽서기년(竹書紀年)』에 의하면, 서기전 2209년[중국 제순(帝舜) 25년]에 숙신의 사신이 중국 지역을 방문했으며, 서기전 12세기경 서주 무왕(武王)이 상나라를 멸망시키고 서주를 건국했을 때도 숙신의 축하 사신이 서주를 방문했다.[108] 건국 후 오래지 않아서 서주는 동부 지역을 통치하기 위해 도읍인 호경(鎬京)의 동쪽에 성주[成周: 낙읍(洛邑) 또는 신읍(新邑)이라고도 부른다]를 건설하고 그곳에서 성주대회를 가졌다. 이 대회는 서주의 국위를 만방에 알리는 행사로서 주변의 각 지역 사신들이 초대되었다.

『일주서』「왕회」편에 의하면, 고조선에서도 이 대회에 숙신, 예, 양이, 양주, 발, 유, 청구, 고구려, 고죽 등의 사신이 참석했다.[109] 중국 지역 가까이 있었던 고조선의 거수국들이었다. 이러한 고조선 거수국 사신들의 중국 방문은 고조선 왕실을 대리한 것이었다고 생각된다.

『시경』「한혁」편은 서기전 9세기경에 고조선의 통치자가 서주를 방문해 매우 환대를 받았다고 전한다. 이때 서주는 고조선의 통치 영역이 고조선의 거수국인 맥이 위치한 난하 유역까지임을 승인했다.[110] 이 방문에서 굳이 통치 영역에 대한 문제가 거론된

---

108 『금본죽서기년(今本竹書紀年)』, 「오제본기」, 〈제순유우씨(帝舜有虞氏)〉조; 『주기(周紀)』, 〈무왕(武王)〉조, 〈성왕(成王)〉조.

109 『일주서』 권7 「왕회」.

110 윤내현, 앞의 글 「고조선의 국가 구조」, 『고조선 연구』, pp. 429~441.

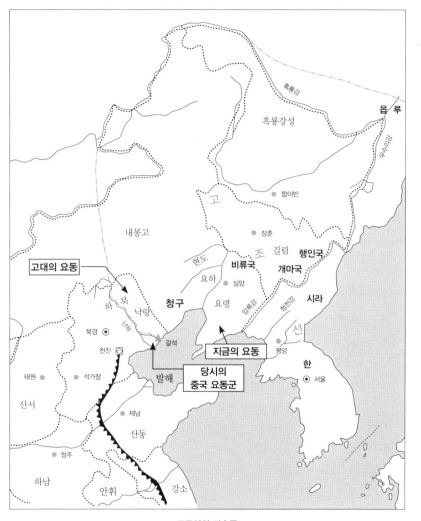

고조선의 거수국

것은 이전의 상나라는 그 영역이 지금의 하북성 중부까지밖에 미치지 못했으나 서주는 봉국제도를 확대하면서 지금의 북경 지역에 소공석(召公奭)을 봉해 연나라를 세움으로써 그 영역이 난하 서부 유역까지 이르렀기 때문이다. 고조선으로서는 그간의 통치 영역을 분명히 밝혀둘 필요가 있었던 것이다. 이때 서주의 선왕(宣王)은 고조선의 환심을 사고 우호 관계를 돈독히 하기 위해 그의 종질녀를 단군에게 출가시켰다.

『관자』「규도」편과 「경중갑」편에 의하면, 서기전 7세기에 이미 고조선의 사신이 중국 지역을 왕래했고, 사신 왕래를 따라 고조선과 중국 지역 사이에 국제 교역이 행해졌다.[111] 고조선과 중국 지역의 교역에 관해서는『사기』「화식열전」에도 기록되어 있다.[112] 당시 고조선이 중국 지역과의 교역에서 매우 큰 이득을 보았음은 고조선 지역에서 연나라의 화폐인 명도전이 무더기로 출토되는 것에서 알 수 있다.

고조선과 중국 지역 간의 정치적·경제적 교류는 거의 대등한 횟수로 이루어졌을 것으로 생각되지만, 기록이 남아 있지 않아 확인할 길이 없다. 고조선과 중국 지역의 관계가 화평한 것만은 아니었다. 전쟁도 있었다.

중국의 전국시대인 서기전 3세기 초에 연나라는 장수 진개를

---

111 『관자』권23 「규도」, 「경중갑」.
112 『사기』권129 「화식열전」.

시켜 고조선을 침략했다. 갑자기 침략을 받은 고조선은 후퇴할 수밖에 없었다. 그러나 『염철론』「비호(備胡)」편에 의하면, 고조선은 바로 연나라의 군사를 축출하고 오히려 연나라의 동부 영토를 빼앗아 침략을 응징했다.[113]

서한은 서한에서 고조선 변방의 기자국으로 망명한 위만을 이용해 고조선을 견제하기도 했고, 서한 무제(武帝) 때는 위만조선을 멸망시키고 그 여세를 몰아 고조선을 침략하기도 했다. 이에 대해서는 기자국, 위만조선, 한사군에 대한 서술에서 자세히 설명하겠다.

서한이 위만을 이용해 고조선을 견제한 것은 고조선의 강한 국력을 경계했기 때문이다. 『사기』「조선열전」에는 서한은 건국 초에 고조선과의 국경이 너무 멀어 지키기 어려우므로 그것을 뒤로 물렸다고 기록되어 있다.[114] 당시 고조선의 국력이 서한에서 경계할 정도로 강했음을 알 수 있다.

고조선은 내몽고, 몽고, 시베리아, 중앙아시아 등의 북방 지역과도 접촉을 가졌다. 고조선의 영토인 한반도와 만주에는 산악이 많고 북부 변경은 유목 지역이 포함되어 있었다. 고조선의 북부 변경은 내몽고, 몽고, 시베리아, 중앙아시아 등지로 연결되는 유목 지역이므로 유목민을 따라 고조선 문화가 쉽게 그 지역에 전달되

113　윤내현, 앞의 글 「고조선의 경제적 기반」, 『고조선 연구』, pp. 558~559 참조.
114　『사기』 권115 「조선열전」.

었고, 반대로 그 지역 문화가 고조선에 전달되기도 했다. 청동기 문양 가운데 스키토-시베리언 계통으로 일컬어지는 동물 문양이 공통으로 보이는 점, 단군신화에 나오는 곰 숭배 사상이 북방 지역에 널리 분포되어 있는 점 등은 고조선과 북방 지역의 문화적 접촉을 보여준다.

종래에는 이러한 문화의 공통성은 북방의 문화가 고조선에 유입되었기 때문이라고 생각하는 학자들이 있었으나, 근래에 고조선 문화의 연대가 매우 빨랐음이 확인됨에 따라 그러한 생각을 수정할 필요가 있게 되었다. 고조선 지역은 마을사회 단계 이래 사회발전이나 청동기문화의 개시가 주변의 다른 지역에 비해 앞선 지역 가운데 하나였으므로 주변 지역에 영향을 많이 주었을 것이다.

시베리아 지역에 거주하는 동아시아 계통의 사람을 고아시아족이라 부르는데, 그 가운데는 고조선 지역에서 이주해 간 사람도 상당수 포함되어 있었을 것이며, 그러한 이주민에 의해서도 고조선 문화가 전파되었을 것이다. 『위서』「두막루전(豆莫婁傳)」과 『신당서(新唐書)』「유귀전(流鬼傳)」에는 부여족의 일부가 연해주 북쪽 멀리 이주해 두막루라는 나라를 세웠다고 기록되어 있다.[115] 시베리아에 거주하는 고아시아족은 부여족의 후손일 가능성이 있는 것이다.

그리고 몽골에는 원래 흉노족이 살고 있었는데, 한(漢)나라의

---

[115] 『위서』 권100 「두막루전」; 『신당서』 권220 「유귀전」.

계속되는 토벌에 의해 대부분 서쪽으로 밀려난 후 주위의 다른 종족들이 모여들어 살게 되었다. 그 중심을 이룬 종족은 칭기즈칸을 배출한 보르치긴족인데, 이들은 만주의 액이고납하 유역에서 이주해 간 사람들이다. 액이고납하는 고조선의 북부 국경이었고, 고조선이 붕괴된 후에는 부여의 국경이었다. 보르치긴족은 한민족의 후예이거나 한민족과 가까이 살았던 사람들이다. 그러므로 사람도 닮았고, 문화도 유사한 점이 많은 것이다.

고조선 문화는 왜열도에도 크게 영향을 미쳤다. 일본의 신석기 문화인 조몬문화(繩文文化)의 질그릇에 새김무늬질그릇과 유사한 것들이 보이는 점, 반달칼 등의 석기가 한반도 남부와 동일한 문화권을 형성한 점 등은 왜열도가 일찍이 마을사회 단계부터 한반도로부터 문화적 영향을 받았음을 알게 한다.

조몬문화의 뒤를 이어 서기전 3세기에 출현해 서기 3세기까지 계속된 야요이문화(彌生文化)는 청동기와 철기, 고인돌, 벼농사를 동반하는 문화인데, 이 문화는 한민족의 이주에 의해 출현했다. 고대 문화의 발전은 청동기로부터 철기로 이행하는 것이 일반적인데, 청동기와 철기가 야요이문화에서 동시에 출현한다는 사실은 이것들이 다른 곳에서 동시에 전달되었음을 뜻한다. 야요이문화의 주요소인 세형동검, 꼭지가 여러 개인 청동 거울, 청동 방울 등은 한반도 남부 문화와 연결되는 것이며, 초기의 청동기와 철기는 한반도에서 가져간 것이었다. 이것을 일본 학자들은 박재동기(舶載銅器) 또는 박재철기(舶載鐵器)라 부른다. 배에 실려 온 수입품이라는 뜻이다.

고조선 말기에 사회가 혼란해지자 남부의 한(삼한) 지역 주민들이 새로운 땅을 찾아 왜열도 남부, 지금의 규슈 지역으로 이주해 야요이문화를 출현시켰던 것이다.

기자국, 위만조선, 한사군의 흥망

고조선 말기에 중국과 접경지대인 난하 유역에서는 몇 차례의 정변이 있었다. 중국으로부터 망명해 온 기자 일족에 의한 망명정권의 수립, 기자국의 정권을 탈취한 위만의 건국, 위만조선의 멸망과 한사군의 설치 등이다.[116]

고조선 중기 이후 고조선의 서부 변경인 난하 유역, 즉 지금의 요서 지역에는 중국으로부터 망명한 사람들이 날로 증가하고 있었다. 고조선이 중국 지역보다 평화롭고 살기 좋은 곳이었기 때문이다.

고조선시대에 중국에서는 하·상·서주·춘추·전국·진제국시대를 거쳐 서한이 출현했다. 여러 차례 왕조 교체가 있었고, 그때마다 큰 전쟁이 있었다. 춘추전국시대에는 중국 전 지역이 계속된 전쟁의 소용돌이 속에 있었다. 그뿐만 아니라 진제국의 혹독한

---

[116] 고조선과 기자국·위만조선·한사군의 관계 및 이들의 위치에 대해서는 윤내현, 「위만조선, 한사군, 창해군」, 『고조선 연구』, pp. 358~425 참조.

통치는 진승(陳勝)과 오광(吳廣)이 주도한 봉기를 유발했고, 서한의 건국 과정에서는 유방(劉邦)과 항우(項羽) 사이에 5년간에 걸친 항쟁이 있었다.

중국이 이러한 소용돌이 속에 있을 때 한반도와 만주 지역에는 고조선이라는 하나의 왕조가 계속되었다. 이러한 사실은 고조선이 중국보다는 살기 좋은 곳이었음을 말해준다. 그랬기 때문에 중국인들이 계속해서 전란과 생활고를 피해 고조선으로 이주해 왔던 것이다.

서기전 1100년경에는 기자 일족이 고조선의 서부 변경으로 망명해 왔다.[117] 기자는 원래 중국 상 왕실의 후예로서 기(箕)라는 땅에 봉해졌던 자(子)라는 작위를 가진 제후였다. 그런데 상나라가 주족에 의해 멸망하자 기자는 동북 지역으로 이주해 지금의 난하 서부 유역에 정착했다. 그 후 전국시대 말기에 이르러 기자의 40여 세 후손인 부(否)는 연나라와의 관계도 좋지 않았고 중국이 영토 겸병 전쟁에 의해 통일되어 가는 추세를 보이자 난하 동부 유역에 이주할 터전을 마련했다. 서기전 221년에 중국이 진시황제에 의해 통일되고 진제국이 건국되자 부의 아들인 준(準)은 그의 일족을 거느리고 난하 동부 유역의 고조선 영토로 완전히 이주했다. 서주의 망명정권인 기자국이 고조선의 거수국이 되었던 것이다.

---

117 『상서대전(尙書大傳)』 권2 「은전(殷傳)」 〈홍범조(洪範條)〉; 윤내현, 「기자신고(箕子新考)」, 『한국 고대사 신론』, 일지사, 1986, pp. 223~237.

서한 초인 서기전 195년에는 위만이 서한으로부터 기자국으로 망명해 왔다. 위만이 준에게 국경지대에 살면서 서한의 침략을 방어하겠다고 하자 준은 위만을 믿고 박사로 삼아 국경인 난하 유역에 살도록 했다. 위만은 그곳에 거주하는 토착인들과 중국으로부터 망명 온 사람들을 규합해 세력을 형성했다. 그러고는 준에게 사람을 보내 서한이 쳐들어오니 궁궐을 지키겠다고 거짓 보고하고는 무리를 이끌고 들어가 준의 정권을 빼앗아 위만조선을 세웠다.[118] 그러므로 위만조선은 토착 세력과 중국 망명 집단의 연합 정권이었다.[119]

급작스러운 정변에 대비하지 않았던 준은 황급히 소수의 무리를 이끌고 발해로 도망했다. 준의 정권을 탈취한 위만은 서한에 외신(外臣)이 되겠다고 약속하고 그 대가로 서한으로부터 군사적 · 경제적 지원을 받아 고조선을 침략했다. 서한이 위만을 지원한 것은 서한의 국력이 아직 충실하지 못했으므로 그를 이용해 고조선을 견제하기 위한 것이었다.

당시 고조선은 철기가 보급된 이후 종래의 경제 구조와 사회 구조가 붕괴되고 있어서 내부 상황이 매우 어려웠기 때문에 위만이 비교적 용이하게 세력을 확장할 수 있었다. 위만은 그 세력을 지금의 대릉하 유역까지 확장했다. 고조선과 위만조선은 동서로

---

118 『삼국지』 권30 「오환선비동이전」 〈한전〉의 주석으로 실린 『위략』 참조.
119 윤내현, 「위만조선의 재인식」, 『한국 고대사 신론』, pp. 241~252.

대치하는 상황이 되었다.

서한은 무제 때에 이르러 국력이 강성해졌으므로 더 이상 위만을 이용해 고조선을 견제할 필요가 없었다. 위만의 손자 우거왕(右渠王) 때인 서기전 109년에 무제는 양복(楊僕)이 인솔한 해군과 순체(荀彘)가 이끈 육군을 파견해 위만조선을 치도록 했다. 당시의 요동(지금의 요서)인 난하 유역에서는 1년에 걸쳐 전쟁이 계속되었고, 위만조선의 우거왕은 서한의 침략에 완강히 항거했다.

그런데 조선상(朝鮮相) 역계경(歷谿卿)이 우거왕에게 간하다가 본인의 주장이 받아들여지지 않자 요하 동부 유역에 있었던 진국(辰國: 고조선의 거수국)으로 망명할 정도로 위만조선 내부에서는 토착 세력과 망명 세력 사이에 갈등이 매우 심했다. 그러한 갈등은 결국 내부의 분열을 가져왔고, 거기에다 서한의 침략전쟁이 치열한 가운데 위만조선의 대신 일부가 서한에 투항하고, 이계상(尼谿相) 삼(參)은 사람을 시켜 우거왕을 살해함으로써 서기전 108년에 위만조선은 멸망했다.

위만조선이 멸망하자 서한 무제는 그 지역에 서한의 행정구역으로 낙랑(樂浪), 진번(眞番), 임둔(臨屯)의 3군(郡)을 설치했다. 그리고 여세를 몰아 고조선 영토를 침략해 지금의 요하까지 차지한 후 앞의 3군보다 1년 늦게 서기전 107년에 요하 서부 유역에 현도군(玄菟郡)을 설치했다.[120]

120 윤내현, 「한사군의 낙랑군과 평양의 낙랑」, 『한국 고대사 신론』, pp. 307~319.

이렇게 설치된 낙랑, 진번, 임둔, 현도의 한사군은 서기전 82년에 진번과 임둔이 폐지되고 낙랑과 현도 두 군만 남았다가 현도군은 오래지 않아 서기전 75년에 고구려와 토착 세력의 공격을 받아 난하 상류 유역으로 이동했고, 서기 106년[동한(東漢) 상제(殤帝) 원년]에는 요동군(遼東郡) 지역으로 이동해 그 명칭만을 유지하게 되었다. 서기 206년에는 당시 그 지역을 지배하던 공손강(公孫康)이 낙랑군의 남부를 분할해 대방군(帶方郡)을 설치했으나, 서기 313~315년에 고구려의 공격으로 낙랑군, 대방군, 현도성 등이 모두 격파되어 축출되었다.[121] 그 결과, 고구려가 난하 유역까지 차지함으로써 고조선의 고토를 완전히 수복했다.

지금까지 말한 바와 같이 기자국, 위만조선, 한사군은 서로 연결된 사건으로 지금의 난하 유역을 기점으로 하여 지금의 요서 지역에서 일어난 사건이었다. 즉 고조선의 서부 변경에서 일어난 사건으로, 이 기간에 고조선은 지금의 요하 동쪽에 건재해 있었다. 서부 영토에 다소 변화가 있었을 뿐이다.

그런데 일부 한국사 개설서에서는 기자의 후손인 준을 고조선의 왕으로 잘못 서술함으로써 위만이 준으로부터 빼앗은 정권이 고조선의 정권이었던 것으로 잘못 인식되도록 만들고 있다. 그 결과, 위만의 정권 수립과 동시에 고조선은 멸망했고, 위만조선과 한사군은 고조선의 영토를 차지하고 있었던 것으로 잘못 인식되

---

121 『삼국사기』 권17 「고구려본기」 〈미천왕〉 12~16년조.

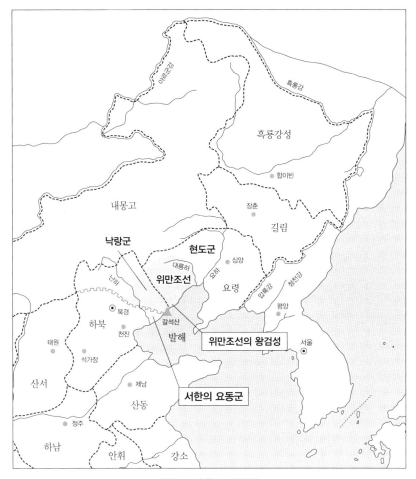

위만조선과 한사군의 위치

기에 이르렀다. 한민족은 그 역사 초기에 중국의 망명객이 세운 위만조선의 지배를 받다가 한사군이 설치됨으로써 서한의 행정구역에 편입되어 500년 이상 중국의 지배를 받은 것으로 사실과 다르게 왜곡되어 있는 것이다.

제3부

열국시대

열국시대는 고조선의 거수국들이 독립해 여러 나라로 분열된 시대를 말한다. 일반적으로 고조선의 뒤를 이어 그 지역에 위만조선이 있었던 것으로 서술하고 있으나, 그것은 잘못이다. 위만은 준왕의 정권을 빼앗아 나라를 세웠는데, 준왕은 고조선 왕이 아니라 중국에서 망명한 기자의 후손으로 고조선의 거수였다. 그러한 준왕을 고조선의 왕으로 잘못 서술함으로써 위만조선의 건국은 바로 고조선의 멸망을 뜻하는 것이 되었다.

기자 일족은 고조선의 서쪽 변경인 난하 유역에 망명해 있었고, 위만은 그곳에서 정권을 빼앗았다. 따라서 고조선은 위만조선의 건국으로 멸망한 것이 아니라 위만조선과 동서로 대치하게 되었던 것이다. 위만조선이 멸망한 후 그 지역에 설치된 한사군은 초기에는 고조선과 대치했으나 고조선이 붕괴된 후에는 지금의 요하를 경계로 하여 그 동쪽의 여러 나라와 대치하고 있었다.

고조선의 붕괴와 열국시대의 시작은 몇 가지 점에서 중요한 의미를 갖는다.

첫째, 고조선의 건국에 의해 형성되었던 한민족이 여러 나라로 분열되었다는 점이다. 그러나 그들은 정치적으로는 분열되어 있었지만 모두 고조선의 문화 전통을 계승함으로써 자신들이 한민족에 속해 있다는 의식을 강하게 가지고 있었다.

둘째, 고조선이 붕괴되면서 각 지역의 거주민 이동이 크게 일어났고, 이와 더불어 거수국들이 독립하면서 그 지리적 위치가 재편성되었다는 점이다. 각 지역의 거주민 이동과 여러 나라의 위치 재편성은 거주민의 혼합을 야기했고, 이는 민족 융합과 문화 융합을 불러왔다. 따라서 열국시대는 정치적으로는 분열되었지만 민족적·문화적으로는 더 강한 융합을 가져온 시기였던 것이다.

셋째, 열국시대는 지방분권적 거수국제국가에서 중앙집권적 군현제국가(郡縣制國家)로 변천되는 과도기였다는 점이다. 철기가 보급되면서 일어난 토지에 대한 경제관념의 변화는 각국이 영토를 확장하도록 만들어 영역국가를 출현시켰다. 영역국가는 통치 조직에 변화를 가져와 종래의 지방분권제국가에서 중앙집권제국가로 변모하게 되었다. 그러나 열국시대는 아직 영역국가의 완성 단계는 아니며, 그것으로 이행되는 과도기였다.

넷째, 열국시대는 경제 면에서 생산량과 생산 관계에 큰 변화를 가져왔다. 철제 농구 사용으로 노동 능률이 향상되면서 넓은 토지를 개간할 수 있었으며, 생산이 증대되고 토지 소유자들이 늘어났다. 그리고 노동 단위가 집단에서 개체로 변해 토지 소유주와 노동자 사이의 생산 관계가 변화했다.

다섯째, 열국시대는 한(韓)민족이 처음으로 외래문화로부터 큰 자극을 받으면서 고유문화와 외래문화가 혼합되는 시기였다. 주변 이민족과의 교류는 열국시대에 이르러 더욱 빈번해졌는데, 서기 4세기 후반에는 불교와 유교 등의 외래문화가 공인되기에 이르렀다. 특히 불교는 왕실과 지배귀족의 옹호를 받으면서 상층부의 문화를 형성했다.

이러한 변화는 고조선 이래의 사회 성격에 종말을 고하고 새로운 사회로의 출발을 예고한다. 즉 열국시대 말기인 서기 4세기 말을 전후로 한국사에서 고대사회는 끝이 나고 중세사회로 접어들게 되는 것이다. 그리고 열국시대에 한민족은 여러 나라로 분열되어 있었기 때문에 민족을 통합하고자 하는 강한 민족의식을 갖게 되었다. 강한 민족의식과 영토를 확장하려는 욕망이 복합되어 각국은 민족 통합, 영토 겸병을 추구했다. 그 결과, 열국시대의 뒤를 이어 고구려, 백제, 신라, 가야의 사국시대와 신라, 발해의 남북국시대를 거쳐 고려에 이르러 영토 면에서는 완전하지 못했지만 다시 민족국가를 이루게 되었다.

제1장
열국시대의 개시와 변천

고조선의 해체

　고조선 해체의 원인은 대내적인 것과 대외적인 것으로 나누어
볼 수 있다. 대내적인 것은 철기의 보급에 의한 경제관념과 사회
구조의 변화에 따른 종래의 사회 질서의 와해였고, 대외적인 것은
위만조선의 흥망과 한사군 설치, 그리고 그에 따른 두 차례에 걸
친 큰 전쟁이었다.

　서기전 8세기경에 개시된 철기문화가 서기전 5세기경부터 널리
보급되기 시작해 서기전 3세기경 보편화되면서 고조선 사회는 큰
동요를 맞았다. 철기가 보급되기 전 청동기시대의 주된 농구는 석
기였고, 따라서 농경지의 개간에 한계가 있었다. 마을의 거주지와
주변의 개간이 가능한 농경지만 경제적으로 가치가 있었고, 이를

제외한 넓은 공지는 경제적 가치가 없었다.

그러므로 고조선의 국가 구조는 거주지와 그 주변의 농경지로 형성된 마을들이 그물처럼 점으로 조직된 형태였다. 이러한 고대 국가를 마을집적국가 또는 부락집적국가라고 부를 수 있을 것이다. 이 시기의 통치 체제는 국가 단계에 진입하기 전에 있었던 각 지역 마을연맹체의 기능을 그대로 존속시켜 그것들을 거수국으로 삼고, 단군은 거수들만을 다스리는 거수국제국가였다.

그런데 철기가 농구로 보급되면서 상황이 바뀌었다. 철제 농구는 노동 능률을 높여 토지 개간 면적을 확대시켰고, 생산량을 증대시켰다. 이에 따라 토지는 넓을수록 경제적 가치가 높다는 사실을 알게 되었다. 그 결과, 토지 소유주인 지배귀족들은 보다 넓은 토지를 소유하기 위해 토지 쟁탈전을 벌이게 되었다.

철기의 보급에 따라 개인의 노동 능률이 향상되자 종래의 마을 단위의 집단 노동이 와해되어 갔다. 토지 소유주인 지배귀족들은 1가나 1호를 단위로 하여 농민들과 생산 관계를 맺었다. 철기 보급에 따른 노동 능률의 향상은 소토지소유제를 출현시켰다. 토지는 넓을수록 가치가 높다는 경제관념은 거수들의 의식에도 영향을 주어 거수국들은 영토를 넓히려고 경쟁하게 되었다.

토지를 넓히기 위한 귀족들 사이의 대립, 영토 확장을 위한 거수들 사이의 갈등, 농민 집단의 와해, 소토지 소유자들의 증가 등은 종래의 통치 조직, 경제 구조, 사회 질서 등의 붕괴를 가져왔다. 토지의 면적이 중요시됨에 따라 국가 구조는 마을들이 그물처럼 연결되었던 종래의 조직에서 영역 조직으로 바뀌어갔다. 고조선 말기에 일어난 이러한 내부의 동요는 통치를 어렵게 만들었다.

한편 이 시기에 고조선은 두 차례의 큰 전쟁을 겪었다. 첫 번째는 위만조선과의 전쟁이었고, 두 번째는 서한[전한(前漢)]과의 전쟁이었다.

고조선의 서쪽 변경이었던 난하 유역에는 기자 일족이 이주해와 고조선의 거수국이 되어 있었는데, 그 후손인 준왕 때에 이르러 서한으로부터 망명한 위만에게 정권을 빼앗겼다. 서기전 195년 기자국으로 망명한 위만은 준왕의 신임을 받아 국경 지역에 거주했는데, 망명인들과 토착인들을 규합해 세력을 형성한 후 서한이 쳐들어오고 있으니 궁궐을 수비하겠다고 거짓 보고하고는 궁궐로 쳐들어가 준왕의 정권을 빼앗았던 것이다. 위만은 서한에게 외신이 될 것을 약속하고 고조선을 침략해 영토를 확장했다. 고조선은 위만조선의 침략을 방어하기 위해 전쟁을 할 수밖에 없었다. 당시 고조선은 내부의 동요로 국력이 매우 약화되어 있었으므로 위만은 비교적 쉽게 지금의 대릉하까지 영토를 넓힐 수 있었다.

서한은 무제 때에 이르러 국력이 충실해지자 위만의 손자인 우거왕이 충성스럽지 못하고 고조선과의 교통을 방해하고 있다고 트집 잡아 위만조선을 공격했다. 서한은 약 1년간에 걸친 전쟁 끝에 서기전 108년 위만조선을 멸망시키고, 그 지역에 낙랑군, 진번군, 임둔군 등 세 개의 군을 설치했다. 서한은 여세를 몰아 고조선의 서부를 침략해 지금의 요하까지를 차지하고, 서기전 107년 요하 서부 유역에 현도군을 설치했다. 이렇게 되어 지금의 요서 지역에 한사군이 있게 되었다.

이와 같이 고조선은 위만조선 및 서한과 두 번에 걸친 큰 전쟁을 치렀다. 안으로는 철기의 보급에 따른 사회 질서의 동요에다 밖으로는 두 번의 큰 전쟁이 겹치면서 단군은 통치 능력을 잃었고, 결국 고조선은 서기전 100년을 전후로 붕괴되었다.

열국의 성립과 변천

고조선이 붕괴되면서 두 가지 새로운 상황이 전개되었다. 첫째는 지금의 요서 지역에 있던 고조선의 거수국들이 요동 지역으로 이동해 왔다는 사실이고, 둘째는 단군이 통치 능력을 상실함에 따라 고조선의 거수국들이 독립국으로 변모되었다는 사실이다. 고조선에는 많은 거수국이 있었는데, 그 가운데 북부여, 고죽, 고구려, 예, 맥, 추, 기자국, 낙랑, 진번, 임둔, 현도, 숙신, 청구, 양이, 양주, 발, 유, 옥저 등은 지금의 난하로부터 요하에 이르는 요서 지역에 있었다.[122]

그런데 난하 유역에서 기자 후손의 정권을 빼앗아 건국한 위만

---

122 윤내현, 앞의 글 「고조선의 국가 구조」, 『고조선 연구』, pp. 426~486.

조선이 고조선을 침략했다. 위만조선은 진번, 임둔 등의 고조선 거수국들을 복속시켜 영토를 대릉하 유역까지 확장했다. 그 과정에서 대릉하 서쪽에 있었던 고조선의 거수국 주민들은 위만조선의 침략에 항거하면서 대릉하 동쪽으로 이동했다. 요서 지역 주민들의 첫 번째 대이동이었다.

위만조선이 대릉하 유역까지 영토를 확장한 후 위만의 손자인 우거왕 때에 이르러 서한의 무제는 위만조선을 멸망시켰다. 그는 여세를 몰아 고조선의 서부 변경을 침략해 지금의 요하 유역까지 차지했다. 이러한 과정에서 요하 서쪽의 주민들은 서한의 침략에 항거하며 요하 동쪽으로 이동했다. 요서 지역 주민들의 두 번째 대이동이었다.

위만조선의 영토 확장과 서한 무제의 침략에 의해 고조선의 영토가 지금의 요하 유역까지로 축소되면서 요서 지역에 있던 고조선의 거수국들은 그들의 봉지를 잃었고, 그 지역의 주민들은 요하 동쪽으로 대거 이동했다. 요하 동쪽으로 이주한 그들은 집단 세력을 형성해 그 가운데 일부는 요하 동쪽에서 새로운 정치 세력으로 성장했다. 동부여, 고구려, 읍루, 동옥저, 동예, 최씨낙랑 등이 그것이다.[123]

숙신이 읍루라고 명칭을 바꾼 것을 제외하고는 모두가 자신들

---

123 윤내현, 「열국시대의 시작과 변천」, 『한국 열국사 연구』, 지식산업사, 1998, pp. 31~55.

이 요서 지역에서 사용했던 명칭을 그대로 사용했다. 이에 따라 요서와 요동 두 지역에 동일한 명칭이 등장했다. 부여, 고구려, 숙신, 옥저, 예, 낙랑, 임둔 등이 있었던 요서 지역에서 예전의 명칭 그대로 불렸으며, 요동 지역에서도 새로 등장한 정치 세력이 동일한 명칭을 사용했다.

이 시기에 고조선은 통치 능력을 상실했다. 따라서 요하 동쪽으로 이동한 여러 정치 세력은 독립국이 되어 그 명칭이 독립국의 명칭이 되었고, 요서 지역의 명칭은 서한의 행정구역 명칭 또는 지역 명칭으로 남아 있게 되었다. 예를 들면, 요하 동쪽에는 고구려국이, 요하 서쪽에는 현도군의 고구려현이 있었으며, 대동강 유역에는 최씨낙랑국(崔氏樂浪國)이, 난하 유역에는 한사군의 낙랑군이 존재했다. 두 지역의 동일한 명칭을 구별하기 위해 요하 동쪽에 있던 옥저를 동옥저, 예를 동예, 낙랑을 최씨낙랑국으로 부른다.[124]

요서 지역으로부터의 주민 이동은 요동 지역에 연쇄 현상을 낳았다. 요서 지역의 이주민들이 요하 동쪽에서 정치 세력을 형성하자 원래 그 지역에 살고 있던 주민의 일부는 다른 지역으로 이주해야만 했다. 일부는 연해주와 시베리아로 이주했고, 일부는 한반도 남쪽으로 이주했다. 연해주와 시베리아로 이주한 사람들은 고아시아족의 일부를 형성했을 것이다.

---

124 열국시대의 변천 과정에 관해서는 위의 글 참조.

이렇게 해서 요하 동쪽의 만주와 한반도에는 새로운 정치 세력의 재편성이 이루어졌다. 그 변천 과정을 보면, 지금의 요하 동쪽에는 원래 고조선의 거수국으로 비류, 행인, 개마, 구다, 조나, 주나, 한(삼한) 등이 있었는데, 고조선이 붕괴되고 열국시대가 시작되면서 요서 지역으로부터 이주한 세력들에 의해 새로운 나라들이 건국되고 남부의 한에서 신라, 백제, 가야가 분열되어 나옴에 따라 동부여, 읍루, 고구려, 동옥저, 조선, 최씨낙랑국, 동예, 대방국, 한, 백제, 신라, 가야 등의 나라로 재편성되었다. 이들이 민족 통합과 영토 겸병 전쟁을 거쳐 고구려, 백제, 신라, 가야 등 네 나라가 각축을 벌이는 상황에 이르게 되었던 것이다.[125]

열국 가운데 읍루는 가장 동북부에 위치해 지금의 흑룡강 하류 유역과 그 동북 지역 및 연해주에 걸쳐 있었고, 동부여는 읍루의 서남부인 지금의 흑룡강성으로부터 길림성 북부와 내몽고자치구 동부를 차지하고 있었으며, 고구려는 부여의 남쪽에 위치해 지금의 요하 동쪽의 요령성 일부와 길림성 일부 및 평양북도를, 동옥저는 그 동쪽에 위치해 함경남북도를, 동예는 그 남쪽인 강원도 일대를, 최씨낙랑국은 평안남도를, 한은 대동강 이남의 한반도 전 지역을 차지하고 있었다.

이 시기에 단군 일족의 후예는 지금의 청천강 유역 묘향산 지

125 윤내현, 앞의 글 「열국시대의 시작과 변천」, 『한국 열국사 연구』, p. 53 도표 참조.

역에 자리를 잡고 있었다.[126] 묘향산에 단군굴과 단군대, 천주석 등 단군과 관계된 유적과 전설이 있는 것은 이러한 역사적 사실과 관계가 있다.

---

126 윤내현, 앞의 글 「열국시대의 시작과 변천」, 『한국 열국사 연구』, pp. 41~46; 『삼국지』 권30 「오환선비동이전」 〈예전〉에는 서기 3세기경까지 조선이 작은 세력으로 청천강 유역에 있었던 것으로 기록되어 있다. 이때는 고조선이 이미 붕괴되고 열국시대에 들어가 있었으므로 이 조선은 단군 일족의 후예였다고 보아야 할 것이다.

제2장
동부여의 정치와 대외 관계

동부여의 정치

부여는 원래 고조선의 거수국으로서 지금의 난하 상류 유역에 있었는데, 이들이 북쪽으로 이동해 원래의 부여 지역과 구별하기 위해 북부여라 했다. 북부여는 지금의 하북성 북부와 내몽고자치구 일부를 차지하고 있었다. 『사기』 「화식열전」에는 연은 북쪽으로 오환(烏丸), 부여와 접했다는 기록이 있는데, 『한서』 「지리지」에도 같은 기록이 보인다.

서주시대 이래 연나라는 하북성에 위치해 난하를 동북쪽 경계로 하고 있었다. 북부여는 진시황제가 중국을 통일한 서기전 221년 이전부터 연나라의 동북부에 있는 난하 상류 유역에 있었음을 알 수 있다.

이와 같이 북부여는 고조선시대에는 요서 서부의 난하 상류 유역에 있었는데, 그 지역에서 위만조선의 건국과 영토 확장 및 서한의 한사군 설치 등이 있게 되자 주민의 일부는 요하 동쪽으로 이동했다.

서기전 59년 주민들과 함께 동쪽으로 이동한 북부여의 해부루왕은 송화강(松花江) 유역에 자리를 잡고 토착인들을 규합해 지금의 길림성 북부에 위치한 부여[최근 송원(松原)으로 개칭]에 도읍을 정하고 동부여를 건국했다.[127]

그곳은 동북평원(東北平原)의 중심부였으므로 농경과 목축을 기반으로 국력을 키워 흑룡강성 전부와 내몽고자치구 동부 및 길림성 북부를 차지하고 있었는데, 오래지 않아 서쪽은 난하 상류 유역까지 영토를 확장했다. 부여는 요서 지역에서 이주해 온 정치집단 가운데 가장 일찍 열국의 패자로 군림했다.

동부여 왕실은 해씨(解氏)였는데, 전설에 의하면 부여를 건국한 동명왕은 하늘의 기(氣)를 받고 태어났다고 한다.[128] 이는 고조선을 건국한 단군왕검이 하늘에서 내려온 환웅의 아들이었다는 것과 맥을 같이하는 것으로, 동부여에서는 고조선과 마찬가지로 하느님을 최고신으로 숭배했고, 동부여 왕은 종교적으로 최고 지위에 있었음을 알 수 있다.

---

127 윤내현, 「동부여의 건국과 위치」, 『한국 열국사 연구』, pp. 56~83.
128 『후한서』 권85 「동이열전」 〈부여국전〉.

열국의 위치도

동부여에서는 왕위가 세습되었는데, 적자가 없으면 서자가 뒤를 이었다. 동부여에는 중앙관직으로 마가(馬加), 우가(牛加), 저가(猪加), 구가(狗加) 등이 있었고, 그 밑에 대사(大使), 대사자(大使者), 사자(使者) 등이 있었다. 위거왕(位居王) 때에 그의 삼촌이 우가였던 점으로 미루어 보아 마가, 우가, 저가, 구가와 같은 대가(大加)의 자리는 왕의 근친이 맡았던 듯하다.

동부여에서는 가(加)들이 지방을 다스렸는데, 큰 세력을 가진 사람은 수천 호, 작은 세력을 가진 사람은 수백 호를 다스렸다고 하니 대가보다 세력이 작은 소가(小加)가 있었을 것이다. 이러한 대가와 소가를 총칭해 제가(諸加)라 했다.[129]

동부여는 다섯 개의 큰 행정구역으로 나뉘어 있었던 듯하다. 마가, 우가, 저가, 구가 등이 네 방면의 지방을 통치했고, 중앙에는 왕의 직할 지역이 있었을 것이다. 제가 아래에는 지방관직으로 압로(鴨盧)가 있어 일정한 지역을 관할했다. 〈광개토대왕비문(廣開土大王碑文)〉에 의하면, 고구려가 동부여를 치고 차지한 지역에 64개의 성과 1,400개의 마을이 있었다고 하니, 하나의 성 아래에 20개 정도의 마을이 있었음을 알 수 있는데, 각 성을 관할하는 관리를 압로라 했다. 압로 밑에는 각 마을의 촌장이 있었을 것이다.

동부여의 국왕은 선정을 베풀 의무가 있었다. 만약 가뭄이나 장마 등으로 농사가 잘 되지 않으면 그것은 국왕의 잘못된 정치에

---

129 위와 같음.

대한 하늘의 벌로 받아들여져 국왕을 교체하거나 죽일 수도 있었다.[130] 이러한 사실은 동부여 사회에 '경천(敬天)' 사상과 더불어 '천인상관(天人相關)' 사상이 있었음을 말해준다. 국가의 중요한 일은 제가회의에서 결정되는 경우가 많았는데, 간위거왕(間位居王)이 적자가 없이 사망하자 제가에 의해 서자 마여(麻余)가 왕으로 추대된 적도 있다.[131]

동부여는 엄격한 법에 의해 통치되었다. 살인을 한 사람은 사형에 처하고 가족을 노비로 삼으며, 남의 물건을 훔치면 그 물건의 열두 배를 배상해야 하고, 남녀 간에 음란한 짓을 하거나 부인이 투기하면 모두 죽였다. 국가적 경축일에는 죄수를 풀어주는 특사 제도가 있었다. 12월에는 하늘에 제사지내는 영고라는 행사가 있었는데, 이 기간에는 온 국민이 모여 연일 술 마시고 음식을 먹으며 노래와 춤을 즐겼으며, 형벌을 중단하고 죄수를 풀어주었다.[132]

동부여는 강한 군사력을 가지고 있었다. 그들은 일상적으로 체력을 단련하고 무술을 연마해 중국 문헌에 부여 사람들은 몸집이 크고 성격이 굳세고 용감하며 조상 이래로 다른 나라와 싸워 한 번도 진 일이 없는 나라로 기록되어 있다. 전쟁이 발생하면 국왕 밑에 있었던 제가들이 군사를 거느리고 나가 싸웠는데, 군사는 민과 호민들로 구성되었다. 그들은 자체적으로 집집마다 갑옷과 활,

---

130 『삼국지』 권30 「오환선비동이전」 〈부여전〉.
131 위와 같음.
132 『후한서』 권85 「동이열전」 〈부여국전〉; 『삼국지』 권30 「오환선비동이전」 〈부여전〉.

화살, 칼, 창 등의 무기를 갖추고 있다가 전쟁이 나면 전투에 참가했다. 민보다 아래 신분인 하호는 식량 등의 군수품을 운반하고 음식을 만드는 등의 잡역으로 전쟁을 도왔다.[133]

동부여는 안정된 경제 기반과 강한 군사력으로 일찍이 동북쪽에 있던 읍루를 복속시켰다. 그리고 고구려와의 관계에서도 서기 1세기 초까지는 패자의 위치에서 고구려를 소국으로 대하면서 화친 관계를 유지했다.

동부여의 대외 관계

동부여는 패자의 위치에서 고구려와 화친 관계를 맺고 있었지만, 기회만 오면 고구려를 복속시키고자 했다. 그런데 서기 13년 고구려를 공격했다가 실패한 후에 동부여는 점차 패자로서의 위치가 무너져갔다.[134]

서기 22년 동부여는 고구려 대무신왕(大武神王)의 대규모 공격을 받았는데, 그것을 방어하기는 했지만 그 전투에서 대소왕(帶素王)이 사망하는 등 막대한 국력 손실을 보았다. 그 후유증으로 동부여의 지배 세력 내부에서는 불안과 동요가 일었다. 대소왕의 동

---

133 『삼국지』 권30 「오환선비동이전」 〈부여전〉.
134 『삼국사기』 권13 「고구려본기」 〈유리왕〉 32년조.

생[금와왕(金蛙王)의 막내아들]은 갈사수(曷思水: 지금의 송화강 지류) 유역에 갈사국(曷思國)을 세웠고, 금와왕의 사촌동생은 1만여 명을 이끌고 고구려에 투항했다.[135]

이후 동부여는 국력이 현저하게 약화했는데, 서기 2세기경에는 어느 정도 국력을 회복했지만 급속도로 성장하는 고구려를 경계할 수밖에 없었다. 이런 상황은 자연히 동부여로 하여금 중국 동한과 연계를 맺도록 했다. 동한은 고구려의 성장을 막기 위해 서기 28년에 고구려를 침공한 일이 있으므로 서로 뜻이 맞았다.

서기 49년에 동부여는 동한에 특산물을 보냈고, 이에 대해 동한의 광무제(光武帝)는 후한 답례를 했다.[136] 그 후 동부여와 동한 사이에는 매년 사신이 왕래했다. 당시 동부여와 동한 사이에 자연스럽게 화친이 이루어진 것은 양국이 모두 고구려의 성장을 의식했기 때문이기도 했지만, 동부여가 고조선 후계 세력의 대표가 될 수 있다고 인정되었기 때문이기도 했을 것이다. 동부여를 건국한 해부루왕은 단군의 후손이라고 전해 오므로[137] 이를 명분으로 내세웠을 것이다. 동부여는 동한과 화친 관계를 발전시키면서 다른 한편으로는 고구려와도 관계를 악화시키지 않기 위해서 서기 77년과

---

135 『삼국사기』 권14 「고구려본기」 〈대무신왕〉 5년조.
136 『후한서』 권85 「동이열전」 〈부여국전〉.
137 『삼국유사』 권1 「기이」 〈북부여〉조 및 〈고구려〉조의 주석; 『제왕운기』 「한사군 및 열국기」의 주석.

105년에 고구려에 사신을 파견하고 특산물도 보냈다.[138]

동부여와 동한 사이에는 일시적인 충돌도 있었다. 서기 111년 동부여 왕은 7~8천여 명의 보병과 기병을 거느리고 동한의 동방 진출 기지 역할을 했던 난하 유역의 낙랑군을 습격했다.[139] 그러나 서기 120년에 동부여 왕은 낙랑군 습격으로 악화된 관계를 개선하기 위해 왕자 위구태(尉仇台)를 동한에 사신으로 보냈다.[140]

그 후 동부여와 동한의 관계는 매우 밀접해져 군사적 협조를 하기에까지 이르렀다. 서기 121년과 122년에 고구려가 마한, 예맥과 함께 난하 유역의 요동성과 현도성을 공격하자 동부여는 군사를 보내 동한을 도왔다.[141] 서기 136년에는 동부여 왕이 친히 동한을 방문해 융숭한 대접을 받았으며,[142] 서기 160년대 중엽까지는 우호적인 양국 관계가 지속되었다.

그런데 서기 167년 동부여의 부태왕(夫台王)이 2만여 명의 군사를 이끌고 현도군을 공격했다.[143] 이 사건을 계기로 동부여와 동한의 국교는 단절되었으나, 그것은 일시적이었고 서기 174년에 국교는 다시 회복되었다.[144] 동부여의 동한에 대한 외교는 매우

---

138 『삼국사기』 권15 「고구려본기」 〈태조대왕〉 25·53년조.
139 『후한서』 권85 「동이열전」 〈부여국전〉.
140 위와 같음.
141 『삼국사기』 권15 「고구려본기」 〈태조대왕〉 69·70년조.
142 『후한서』 권85 「동이열전」 〈부여국전〉.
143 위와 같음.
144 위와 같음.

자주적이었던 것으로 보인다. 동부여가 서기 111년에 낙랑군을 친 것이나 서기 167년에 현도군을 공격한 것은 동한의 동진(東晉) 기지에 압박을 가한 것으로, 동부여의 자주외교의 일면을 보여준 사건이었다.

서기 190년대에 이르면서 동한의 요동군 태수(太守) 공손탁(公孫度)이 세력을 키워 스스로 요동후(遼東侯)로 독립했는데, 그는 주위의 세력들로부터 협공을 받지 않기 위해 동부여와 화친 관계를 맺으려고 노력했다. 공손탁은 자기 딸을 동부여 왕에게 바쳐 동부여 왕실과 친척 관계를 맺기까지 했다.

한편, 중국에 삼국시대가 시작되어 서기 220년에 북부에 위(魏)나라가 건국되자 그해 3월에 동부여는 사신을 파견해 국교를 맺었으나, 그 관계가 활발해진 것은 서기 238년 위나라가 공손씨(公孫氏)의 세력을 완전히 멸망시킨 후부터였다. 서기 246년 위나라의 유주자사(幽州刺史) 관구검(毌丘儉)이 고구려를 침략하면서 현도태수 왕기(王頎)를 동부여에 파견해 협조를 요청하자 동부여에서는 군량을 제공했다.

이러한 위거왕의 행위에 대해 왕의 숙부인 우가가 반대하자 왕은 그 부자를 죽이고 재산을 몰수했다.[145] 이로 보아 동부여 내부의 지배층 가운데는 이민족의 세력을 도와 같은 민족인 고구려를 견제하려는 행위에 대해 크게 반대하는 세력이 있었던 것으로 생

---

145 『삼국지』 권30 「오환선비동이전」 〈부여전〉.

각된다.

서기 265년 중국에는 위나라가 멸망하고 사마씨(司馬氏)에 의해 진(晉)나라가 건국되었는데, 동부여는 진나라에 자주 사신을 보내 위나라와 다름없는 국교를 유지했다. 이때 동부여의 서쪽에는 모용선비(慕容鮮卑)가 위험한 세력으로 성장하고 있었다. 서기 285년 모용외(慕容廆)는 대규모의 병력으로 동부여를 침략했는데, 동부여의 의려왕(衣慮王)은 자살하고 왕족들은 옥저로 망명했다.[146]

동부여는 진나라의 도움으로 의라왕(依羅王)을 세워 재건했으나, 국력이 쇠퇴해 자주 모용외의 침략을 받았다. 모용외는 동부여를 침략할 때마다 사람들을 붙잡아다 중국에 노예로 팔아 넘겼다.[147] 동부여는 국력을 회복하지 못하고 약한 나라로 겨우 명맥만 유지하다가 서기 410년 고구려 광개토대왕(재위: 서기 391~412)의 침략을 받아 64개의 성과 1,400여 개의 마을을 잃었다.[148]

동부여의 국력이 약화되고 영토가 줄어들자 신하 나라로 있던 읍루가 반기를 들었다.[149] 동부여는 이를 진압할 힘이 없고 나라를 더 보존할 수도 없어 서기 494년에 왕과 왕족이 고구려에 투

---

146 『자치통감(資治通鑑)』「진기(晉記)」3 〈세조무황제(世祖武皇帝)〉 태강 6년조.
147 『진서(晉書)』 권97 「동이열전」〈부여국전〉.
148 〈광개토대왕비문〉.
149 『위서』 권100 「열전」〈고구려전〉.

항하고 말았다.[150] 이로써 동부여는 건국된 지 553년 만에 고구려
에 병합되었다.

---

150 『삼국사기』 권19 「고구려본기」 〈문자왕〉 3년조.

제3장
고구려의 세력 확장

고구려 초기의 정치

　고구려는 원래 고조선의 거수국으로 요서 지역에 있었는데, 그
위치는 지금의 요령성 서남부 귀퉁이로 산해관과 수중(綏中) 사이
및 그 주변 지역이었을 것으로 추정된다.[151] 중국의 『일주서』 「왕
회」편에는 서기전 12세기경에 열린 서주의 성주대회에 당시 서주
의 동북부에 위치했던 고구려의 사신이 참석한 것으로 기록되어
있다.[152] 이것은 고구려가 고조선시대에는 지금의 요서 지역에 있
었음을 의미한다.

151　윤내현, 「고구려의 건국과 연대」, 『한국 열국사 연구』, pp. 84~111.
152　『일주서』 권7 「왕회」.

그런데 고조선 말기에 난하 유역에서 건국된 위만조선의 영토 확장과 서한 무제의 침략으로 고조선이 지금의 요서 지역을 잃게 되자 고구려의 주민 일부는 동쪽으로 이동해 지금의 요하 동부 유역에 거주하게 되었다. 그들은 요령성 동남부의 혼강[渾江: 일명 동가강(佟佳江)] 유역에 있는 환인(桓仁) 지방에서 토착민들을 규합해 서기전 37년 졸본(卒本)에 도읍하고 고구려를 건국했다.[153]

고구려 왕실의 성은 고씨(高氏)였다. 옛 기록에 의하면, 고구려를 건국한 추모왕(鄒牟王)은 고주몽(高朱蒙)이라고도 불리는데, 그는 하느님의 아들이라 자처한 해모수의 아들로 북부여에서 출생했으나 그곳에 머무를 수 없게 되자 졸본부여(卒本扶餘)로 망명해 고구려를 건국했다.

이러한 내용은 네 가지 사실을 전해준다. 첫째, 고구려는 고조선이나 부여와 마찬가지로 하느님을 숭배했고, 그들의 왕실을 하느님의 후손으로 인식했으며, 둘째, 추모왕은 해모수의 아들이라 했는데 해모수는 단군에 대한 다른 명칭이므로 고구려는 자신들이 고조선의 뒤를 이어야 할 세력이라고 믿었을 것이며, 셋째, 고구려를 건국하기 전 그 주체 세력은 일시적으로 북부여 지역에 거주한 적이 있었고, 넷째, 고구려가 건국되기 전 그곳에는 졸본부여라는 토착 세력이 있었다.

『삼국사기』에는 고구려의 건국 연대가 서기전 37년으로 기록되

---

153 『삼국사기』 권13 「고구려본기」 〈시조동명성왕〉조.

어 있지만, 실제로는 그보다 앞서 요서 지역으로부터 이주해 온 고구려인들이 졸본 지역에 이미 자리를 잡고 있던 부여인들을 규합해 정치 세력을 형성하고 있었다고 보아야 할 것이다. 추모왕은 이들에 의해 추대되었을 것이다. 고구려는 서기 3년(유리왕 22년)에는 국내성(國內城)으로 도읍을 옮기고[154] 본격적으로 국가 발전에 착수했다. 국내성은 지금의 길림성 집안(集安)으로, 압록강 유역이다.

고구려는 큰 산과 깊은 골짜기가 많고 평야가 적어 농업 생산량이 적기 때문에 근검하고 강인한 생활을 해야만 했다. 이러한 근검하고 강인한 생활과 정신은 후에 고구려가 동부여를 누르고 북부의 패자로 등장하게 된 기초가 되었다.

고구려의 중앙관직으로는 국왕 밑에 상가(相加), 대로(對盧), 패자(沛者), 고추가(古鄒加), 주부(主簿), 우태(優台), 승사자(丞使者), 조의(皂衣), 선인(先人) 등이 있었는데, 상가는 여러 부(部)의 대가 가운데서 선출된 제가의 대변자였다. 대로와 패자는 국왕의 지시를 받아 국정을 총괄하는 총리 격의 벼슬이었는데, 대로가 있을 때는 패자를 두지 않았고, 패자가 있을 때는 대로를 두지 않았다.[155]

고구려에는 소노부(消奴部), 절노부(絶奴部), 순노부(順奴部), 관

---

154 『삼국사기』 권13 「고구려본기」 〈유리왕〉 22년조.
155 『후한서』 권85 「동이열전」; 『삼국지』 권30 「오환선비동이전」 〈고구려전〉.

노부(灌奴部), 계루부(桂婁部) 등 5부의 행정조직이 있었는데, 각 행정구역의 우두머리를 대가라고 했고, 그들을 총칭해 제가라 했다. 대가 아래에는 중앙관직과 명칭이 같은 사자, 조의, 선인 등의 벼슬이 있었는데, 대가는 그 명단을 국왕에게 보고해야 했다. 대가 아래에 있는 사자, 조의, 선인 등은 같은 명칭의 중앙관직보다 훨씬 낮은 관직으로, 옛날 중국의 경(卿), 대부(大夫)가 거느리던 가신(家臣)과 같은 것이었다.[156]

고구려의 행정조직인 5부는 원래 고조선이 건국되기 이전 고구려가 마을연맹체사회 단계에 있을 때는 중심 세력이었던 다섯 마을의 명칭이었으나, 고구려가 고조선의 거수국을 거쳐 독립국이 되면서 행정구역의 명칭이 되었고, 그 규모도 확장되었다. 고구려가 마을연맹체사회 단계에 있었던 초기에는 다섯 마을 가운데 소노부에서 우두머리가 나왔으나, 고구려가 독립국이 된 시기에는 이미 계루부에서 왕위를 차지하고 있었다.[157]

고구려는 영토를 확장하면서 새로 편입된 지역에 지방분권제인 거수국제와 중앙집권제인 군현제를 병행해서 실시했다. 고구려는 주변의 소국을 병합한 후 그 지역의 통치자를 고구려의 귀족으로 받아들여 왕(王), 후(侯), 주(主) 등의 작위를 내려 거수로 삼고 그 지역을 영지로 주기도 했고, 성읍(城邑)이나 군현(郡縣)으로 삼아

---

156 『삼국지』 권30 「오환선비동이전」 〈고구려전〉.
157 위와 같음.

행정조직에 포함하기도 했다.

고구려의 영토가 확장됨에 따라 5부는 중앙의 조직이 되었는데, 새로 봉해진 우두머리도 5부의 우두머리와 마찬가지로 대가라고 불렸고, 사자, 조의, 선인 등의 관리를 둘 수 있었다. 그러나 고구려의 중심 세력은 역시 5부였다. 고구려가 거수국제와 군현제를 병행한 것은 아직 중앙집권제를 일률적으로 실시할 만한 통치 능력이 부족했기 때문이기도 했지만, 중앙집권제를 실시할 경우 맞닥뜨릴 토착 세력의 반발을 염려했기 때문이기도 했을 것이다. 이러한 통치 정책을 펴며 성장한 고구려는 서기 2세기 후반부터는 중앙집권제를 강화하기 시작했다.[158]

고구려는 엄격한 법에 의해 통치되었다. 무거운 범죄를 저지른 자가 있을 때는 제가들이 모여 논의를 거친 후 곧 사형에 처하고, 그 처자는 노비로 삼았다. 반역자는 군중이 모인 가운데서 화형을 가한 다음 목을 베고 자산을 몰수하고 처자를 노비로 만들었으며, 전쟁에서 패한 자, 살인한 자, 강도 등도 사형에 처했다. 도둑질한 자는 열두 배의 배상을 물어야 했고, 소나 말을 죽인 자는 종으로

---

158 고국천왕(故國川王, 재위: 서기 179~197) 때에 계루부, 절노부, 순노부, 관노부, 소노부의 5부가 방위를 표시하는 행정구역인 내부[內部, 황부(黃部)], 북부[北部, 후부(後部)], 동부[東部, 좌부(左部)], 남부[南部, 전부(前部)], 서부[西部, 우부(右部)]로 바뀌었고, 부자 상속의 왕위상속법이 확립되었으며, 관곡(官穀)을 대여하는 진대법(賑貸法)이 실시되었고, 구족장(舊族長) 세력이 아닌 을파소(乙巴素)가 국상(國相)으로 기용되었는데, 이러한 것들은 중앙집권제의 강화를 보여준다.

삼았다.[159]

고구려 사회는 국왕을 중심으로 하여 제가와 관리가 상층의 신분을 이루고 있었고, 그 아래에 일반 백성인 민이 있었으며, 민보다 아래에는 하호라 불리는 하층 농민이 사회의 밑바탕을 이루고 있었다. 상층 신분에 속한 사람들은 농경에 종사하지 않고 놀고먹는 사람이 많아 하호들이 먼 곳에서 양식, 고기, 소금 등을 운반해와 그들에게 공급했다.[160] 법은 사회 질서를 유지하는 데도 필요했지만, 상층 신분에 속한 사람들의 권익을 옹호하는 작용도 했다.

고구려의 성장

고구려는 유리왕 때까지도 동부여로부터 약소국 취급을 받았는데, 서기전 6년(유리왕 14년)에는 동부여 왕 대소가 고구려에 볼모를 보낼 것을 요청하기도 했다.[161] 그러나 고구려는 꾸준히 국력을 키워 주위의 소국들을 병합하고 동부여를 견제하면서 요서 지역으로 영토를 확장했다.

고구려는 서기전 36년(추모왕 2년)에 비류국을 병합한 것을 출발점으로 하여 서기 74년(태조왕 22년)까지 행인국(荇人國), 북옥저,

---

159 『구당서(舊唐書)』 권199 「동이열전」 〈고구려전〉.
160 『후한서』 권85 「동이열전」; 『삼국지』 권30 「오환선비동이전」 〈고구려전〉.
161 『삼국사기』 권13 「고구려본기」 〈유리왕〉 14년조.

선비(鮮卑), 양맥(梁貊), 개마, 구다, 최씨낙랑국, 동옥저, 갈사, 조나, 주나 등 주위에 있던 10여 개의 소국을 병합했다.[162] 이러한 소국들 가운데는 최씨낙랑국, 동옥저, 북옥저, 갈사 등과 같이 고조선의 붕괴로 인해 요서 지역으로부터 이주해 온 주민이나 그 후예들에 의해 건국된 신생국도 있었지만, 원래 그 지역에 있었던 고조선의 거수국이 독립한 경우도 있었다.

이 기간에 고구려는 동부여와의 관계에서도 종래의 약소국 처지에서 벗어났다. 서기전 6년 동부여 대소왕은 고구려에 볼모를 요청했다가 고구려가 듣지 않자 병사 5만으로 고구려를 침략했으나 큰 눈이 내려 뜻을 이루지 못했다.[163] 서기 13년에도 다시 고구려를 침략했으나, 고구려 왕자 무휼(無恤: 후에 대무신왕이 되었다)이 학반령(鶴盤嶺)에서 동부여군을 격파했다.[164] 이를 계기로 고구려는 동부여를 견제할 능력을 갖게 되어 서기 21년(대무신왕 4년)에는 고구려가 오히려 동부여를 침공해 이듬해에 동부여 왕을 죽이고 돌아왔다.[165]

이렇게 고구려는 주위의 작은 나라들을 병합하고 배후 세력인 동부여를 견제해 국력을 키우면서 요서 지역으로의 진출에도 관심을 게을리 하지 않았다. 요서 지역은 원래 고조선의 고토였고,

---

162 『삼국사기』「고구려본기」 해당년조 참조.
163 『구당서』 권199 「동이열전」 〈고구려전〉.
164 『삼국사기』 권13 「고구려본기」 〈유리왕〉 32년조.
165 『삼국사기』 권14 「고구려본기」 〈대무신왕〉 4·5년조.

고구려의 원주지이기도 했다. 따라서 고구려의 요서 지역 진출은 고토수복의 의미를 지니고 있었다.

고구려족은 일찍이 서기전 75년 주변의 토착 세력과 연합해 한사군의 현도군을 요하 서부 유역으로부터 난하 상류 유역으로 축출한 바 있다.[166] 이 시기는 고구려가 공식적으로 건국되기 전이다. 이러한 사실은 고구려가 건국되기 전에 이미 그 지역에 고구려 세력이 있었음을 말해준다.

서기 12년(유리왕 31년)에는 중국 신(新)의 왕망(王莽)이 현도군의 고구려현 주민을 동원해 흉노(匈奴)를 치려 하자 고구려현 주민들이 요하 동쪽의 고구려로 도망한 사건이 일어나 고구려와 신이 충돌한 적이 있는데,[167] 2년 후인 서기 14년(유리왕 33년)에는 고구려가 현도군의 고구려현 지역을 차지했다.[168] 서기 30년(대무신왕 13년)에 고구려는 낙랑군의 동부 7현도 차지했으며,[169] 서기 49년(모본왕 2년)에는 동한의 우북평(右北平), 어양(漁陽), 상곡(上谷), 태원(太原)을 차지했다.[170] 우북평, 어양, 상곡은 지금의 하북성에 있었고, 태원은 지금의 산서성(山西省)의 태원이므로 당시

---

166 『한서』 권7 「소제기(昭帝記)」와 권26 「천문지(天文志)」; 『후한서』 권85 「동이열전」; 『삼국지』 권30 「오환선비동이전」 〈동옥저전〉.
167 『후한서』 권85 「동이열전」; 『삼국지』 권30 「오환선비동이전」 〈고구려전〉.
168 『삼국사기』 권13 「고구려본기」 〈유리왕〉 33년조.
169 『후한서』 권85 「동이열전」 〈예전〉·〈동옥저전〉.
170 『후한서』 권14 「광무제기(光武帝記)」 하 25년조; 『후한서』 권85 「동이열전」 〈고구려전〉; 『삼국사기』 권14 「고구려본기」 〈모본왕〉 2년조.

고구려는 지금의 북경을 지나 중국 북부 깊숙이 황하 유역까지 진출했음을 알 수 있다. 그러나 이때 동한이 고구려에 많은 보상을 하고 화해를 요청하자 고구려는 일단 태원 지역을 돌려주었다.[171]

이러한 기초 위에서 태조왕(재위: 서기 53~146)은 동옥저, 갈사, 조나, 주나 등의 나라를 복속시켜 영토를 동북쪽은 연해주, 동남쪽은 함경남도의 해안, 서북쪽은 혼강 상류 유역, 서쪽은 요서, 남쪽은 청천강에 이르는 넓은 지역으로 확장하고 국가의 기반을 튼튼히 한 후 본격적으로 서쪽으로의 진출을 꾀했다.

고구려는 서기 105년(태조왕 53년) 요서의 난하 유역에 있었던 동한의 요동군을 공격해 여섯 개의 현을 빼앗았고,[172] 현도군을 요동군 지역으로 축출했다. 서기 111년(태조왕 59년)에는 요동군 지역으로 옮긴 현도성을 공격했다.[173] 서기 121년(태조왕 69년)에는 동한이 대군으로 반격해 왔으나 고구려에서는 태조왕의 동생인 수성(遂成) 장군이 이를 맞아 싸워 현도성과 요동성을 공격해 불태우고 2천여 명을 죽이거나 사로잡았다.[174]

그해 4월에는 고구려가 요동군의 요대현(遼隊縣)을 공격해 요동태수 채풍(蔡諷)과 그의 부하 용단(龍端), 공손포(公孫酺) 등을 죽

---

171 위와 같음.
172 『삼국사기』 권15 「고구려본기」 〈태조왕〉 53년조.
173 『자치통감』 「한기(漢記)」 41 〈효안황제(孝安皇帝)〉 영초(永初) 5년조.
174 『삼국사기』 권15 「고구려본기」 〈태조왕〉 69년조.

였다.[175] 태조왕은 같은 해 12월부터 다음 해에 걸쳐 마한과 동예의 기병 1만여 명과 연합해 현도성과 요동성을 공격했는데, 동부여가 동한에 원병을 보내 합세하므로 성공하지 못했다.[176] 서기 146년(태조왕 94년)에 고구려는 난하 유역에 있던 요동군과 낙랑군을 공격해 요동군의 서안평현(西安平縣)을 차지하고 낙랑군 태수의 처자를 사로잡았으며, 낙랑군의 대방현령(帶方縣令)을 죽였다.[177]

고구려는 태조왕이 사망한 후 왕실 내부의 불화로 국력이 약화되었는데, 그 기회를 이용해 서기 168년[신대왕(新大王) 4년]에 동한의 현도태수 경임(耿臨)이 고구려를 침략했다. 고구려는 이를 맞아 다음 해까지 싸웠으나 패했다.[178]

4년 후인 서기 172년(신대왕 8년)에 다시 고구려는 동한의 대군의 침략을 받았으나, 고구려의 국상 명림답부(明臨答夫)의 계략에 따라 지구전을 벌여 동한의 군대를 섬멸했다.[179] 서기 184년(고국천왕 6년)에도 고구려는 동한의 요동태수 공손탁의 침략을 받았는데, 왕자 계수(罽須)를 보내 맞아 싸우게 했으나 여의치 않자 왕이 친히 출전해 공손탁의 군대를 대파하니, 벤 적군의 머리가 산더미

175　위와 같음.
176　『삼국사기』권15「고구려본기」〈태조왕〉 69 ·70년조.
177　『삼국사기』권15「고구려본기」〈태조왕〉 94년조.
178　『삼국사기』권16「고구려본기」〈신대왕〉 4년조.
179　『삼국사기』권16「고구려본기」〈신대왕〉 8년조.

같이 많았다.[180]

그 후 고구려는 외척이 득세해 고국천왕과의 사이에 분쟁이 일어나 국력이 크게 약화되었다. 반면, 난하 유역에서는 요동군 태수 공손씨의 세력이 성장해 서기 190년에 공손탁이 스스로 요동후라 칭하면서 동부여와 화친 관계를 맺고 지금의 요서 지역을 압박하자, 고구려는 공손탁의 세력을 방어하기 위해 당시의 도읍인 국내성으로부터 멀지 않은 지금의 길림성 집안 부근에 환도성(丸都城)을 쌓고 서기 209년[산상왕(山上王) 13년]에는 그곳으로 도읍을 옮겼다.[181]

서기 220년 중국에는 삼국시대가 출현해 북부에는 위나라가 건국되었고, 요서 지역의 공손씨 세력은 위나라에 의해 멸망했다. 고구려와 위나라는 일시적으로 화친 관계를 유지했으나, 서기 242년[동천왕(東川王) 16년]에 고구려가 난하 유역의 요동군 서안평현을 공격하자 양국 관계는 다시 악화되었다.[182]

서기 246년(동천왕 20년) 위나라는 유주자사 관구검으로 하여금 고구려를 침략하도록 했다. 관구검의 군대는 환도성에 침입해 그곳을 전부 불태웠다.[183] 이때 관구검의 고구려 침략으로 난하 유역에 위나라의 군대가 비어 있는 기회를 이용해 백제의 좌장(左

---

180 『삼국사기』 권16 「고구려본기」 〈고국천왕〉 6년조.
181 『삼국사기』 권16 「고구려본기」 〈산상왕〉 13년조.
182 『삼국사기』 권17 「고구려본기」 〈동천왕〉 16년조.
183 『삼국사기』 권17 「고구려본기」 〈동천왕〉 20년조.

將) 진충(眞忠)이 바다를 건너 낙랑군을 습격했다.[184] 고구려의 완강한 저항과 백제의 배후습격을 받은 관구검의 군대는 난하 서쪽으로 퇴각했다.

환도성이 불에 타 도읍을 할 수 없게 되자 고구려는 서기 247년(동천왕 21년)에 평양성으로 도읍을 옮겼다.[185] 이 평양성은 고조선이 도읍을 했던 곳으로, 지금의 요하 유역 본계 지역이었다.[186] 이때 고구려가 도읍을 서쪽으로 옮긴 것은 보다 강한 서방 진출 의지를 표명한 것으로 생각된다.

고구려는 서기 302년(미천왕 3년)에 북방의 흉노, 갈(羯), 선비, 저(氐), 강(羌) 등의 이민족이 위나라의 뒤를 이은 서진(西晉)을 괴롭히는 틈을 이용해 난하 유역의 현도군을 공격해 8천 명을 사로잡아 평양성으로 데려왔다. 서기 311년(미천왕 12년)에는 현도군과 인접한 요동군의 서안평현을 빼앗았고, 서기 313년(미천왕 14년)에는 요동군과 접해 있던 낙랑군을 치고 2천여 명을 사로잡아 왔으며, 다음 해에는 낙랑군으로부터 남쪽으로 진격해 대방군을 차지했다.[187]

대방군은 서기 206년에 공손강이 낙랑군을 분할해 설치한 것이

---

184 『삼국사기』 권24 「백제본기」 〈고이왕〉 13년조.
185 『삼국사기』 권17 「고구려본기」 〈동천왕〉 21년조.
186 『삼국사기』 권17 「고구려본기」 〈동천왕〉 21년조; 윤내현, 앞의 글 「고조선의 중심지 변천」, 『고조선 연구』, pp. 331~357 참조.
187 『삼국사기』 권17 「고구려본기」 〈미천왕〉 해당년조 참조.

었다. 이렇게 고조선 말기 이래 요서 지역에 설치되어 있었던 한사군은 그 잔재까지도 없어졌고, 난하 유역까지 고구려의 영토에 들어오게 되었다. 난하 유역은 고구려와 중국 세력 사이의 각축장이 되어왔던 것이다.

이후 고구려는 고국원왕(재위: 서기 331~371) 때에 모용선비[전연(前燕)]와 백제의 침입으로 일시적으로 타격을 받기도 했다. 그러나 그간 닦은 국력의 기초 위에서 서기 372년(소수림왕 2년)에는 전진(前秦)의 승려 순도(順道)를 통해 불교를 받아들이고 태학(太學)을 설치하는 등 문물제도를 정비했으며, 광개토대왕과 장수왕 때는 중국 유주를 차지하고 그곳에 13군 75현을 설치[188]하는 등 영토를 크게 확장하는 전성기를 맞게 되었다.

---

188 덕흥리 벽화고분의 묵서(墨書).

제4장
읍루, 동옥저, 동예, 최씨낙랑국, 대방국, 말갈

읍루

읍루는 숙신족에 의해 건국되었다. 숙신은 원래 요서 지역에 있었던 고조선의 거수국으로 일찍부터 중국 지역과 교류를 가졌다. 『죽서기년』에는 숙신이 서기전 2209년(중국 제순 25년)에 중국을 방문한 것으로 기록되어 있으며, 『일주서』「왕회」편에는 숙신이 지금의 요서 지역에 위치해 있었다고 기록되어 있다.[189]

숙신의 주민 가운데 일부는 동부여나 고구려 등과 마찬가지로 위만조선의 영토 확장과 서한 무제의 침략에 대항하며 요하 동쪽으로 이동해 지금의 연해주에 이르렀다. 이들은 그 지역 토착인들

---

[189] 『일주서』 권7 「왕회」.

을 규합해 독립국을 세우고 국명을 읍루라고 했다.

읍루의 건국 연대는 동부여나 고구려와 비슷하게 서기전 1세기 중엽일 것으로 추정되지만, 구체적인 기록은 남아 있지 않다. 숙신 사람들은 동쪽으로 이동하면서 여러 지역으로 흩어졌는데, 읍루 이외의 다른 곳으로 이주한 집단은 숙신이라고 불리기도 했고, 말갈(靺鞨)이라 불리기도 했다.

읍루는 동부여의 동북쪽에 위치해 남쪽은 동옥저와 접했는데, 그 영역은 지금의 모단강(牡丹江) 유역을 서쪽 경계로 하여 동부는 연해주에 걸치고 남쪽은 두만강에 이르렀다.[190] 읍루는 산이 많고 지세가 험할 뿐만 아니라 기후가 고르지 못하고 매우 추워 원주민들의 문화 수준이 매우 낮았다. 그들은 대개 움집에 살며 돼지를 길러 그 고기를 먹고, 가죽으로 옷을 만들어 입었다. 겨울에는 돼지기름을 두껍게 몸에 발라 추위를 막았다. 그들은 오곡(五穀), 마포(麻布), 적옥(赤玉) 등을 생산했고, 읍루의 담비 가죽은 진귀한 물건 가운데 하나였다.[191]

읍루 지역은 원래 고조선의 동북부 변방으로 고조선은 그 지역에 대해 크게 가치를 두지 않았다. 따라서 때로는 고조선의 통치 영역 밖에 있었고, 그러한 관계로 그 지역 원주민의 언어와 문화에는 고조선과는 다른 요소가 있었다. 읍루가 건국된 후에도 그들

---

190 『후한서』 권85 「동이열전」; 『삼국지』 권30 「오환선비동이전」 〈읍루전〉.
191 위와 같음.

의 언어와 문화에는 동부여나 고구려와는 다른 점이 있었다.[192]

읍루는 문화 수준이 낮은 원주민 사회를 기초로 해서 성립되었고 자연환경이 너무 좋지 못했기 때문에 독립된 정치 세력으로 계속 성장하지 못하고 오래지 않아 동부여에 예속되었다.[193] 동부여에서는 각 마을(읍락)에 대인을 두어 그 지역을 통치했는데, 조세가 매우 무거웠다. 읍루 사람들은 동부여의 무거운 조세를 이기지 못하고 서기 220년경부터 동부여에 반항하기 시작했고, 서기 5세기 말 일시 독립했으나 오래지 않아 고구려에 병합되었다.

동옥저

옥저는 원래 지금의 요서 지역 대릉하 유역에 있었던 고조선의 거수국이었다. 서한 무제가 위만조선을 멸망시키고 여세를 몰아 지금의 요하까지 차지한 후 대릉하와 요하 사이에 현도군을 설치했는데, 이때 옥저 지역은 현도군에 속하게 되었다.[194]

---

192 위와 같음.
193 위 책에는 읍루가 부여에 예속되어 있었다고만 기록되어 있으나, 읍루라는 독립된 명칭을 가지고 있었던 점으로 보아 초기에는 독립해 있었으나 동한(후한)시대와 삼국시대에는 동부여에 예속되어 있었던 것으로 생각된다.
194 『후한서』 권85 「동이열전」; 『삼국지』 권30 「오환선비동이전」〈동옥저전〉; 윤내현, 앞의 글 「위만조선의 재인식」, 『한국 고대사 신론』, p. 296; 이병두, 「중국 고대 군현 위치고(位置考)」, 단국대학교 석사학위 논문, 1987, pp. 82~91.

서한 무제가 위만조선을 침략하자 옥저의 주민 가운데 일부는 이에 대항하며 지금의 요하 동쪽으로 이동해 나라를 세웠다. 그들이 새로 세운 나라는 원래의 거주지보다 동쪽에 있었으므로 국명을 동옥저라 했다. 동옥저는 서쪽은 고구려와 접했고, 북쪽은 읍루 및 동부여, 남쪽은 동예와 접해 있어서 지금의 함경남북도 지역으로 함흥 일대가 그 중심지였다.

동옥저에는 총 5천여 호가 살고 있었는데, 많은 마을(읍락)로 나뉘어 있었다. 각 마을에는 스스로 삼로(三老)라고 일컫는 장수(長帥)가 있어 하호를 다스렸으며, 장수 위에는 현후(縣侯)가 있었다. 동옥저 사람들은 성품이 강직하고 용맹해 보전(步戰)에 능했으며, 음식, 의복, 주거, 예절 등은 고구려와 비슷했다. 동옥저는 후에 남옥저와 북옥저로 나뉘었다.

동옥저가 남옥저와 북옥저로 나뉜 후에 남옥저는 계속해서 동옥저로 불렸고, 북옥저는 치구루(置溝婁)라고도 불렸다.[195] 남옥저는 함경남도 일대를 차지하고 있었고, 북옥저는 함경북도와 연해주 남부를 차지하고 있었는데, 북옥저는 서기전 28년(고구려 추모왕 10년), 남옥저는 서기 56년(고구려 태조왕 4년)에 고구려에 통합되었다.[196]

남옥저와 북옥저를 통합한 고구려는 그 지역에 성읍을 설치해

---

195 『후한서』 권85 「동이열전」; 『삼국지』 권30 「오환선비동이전」 〈동옥저전〉.

196 『삼국사기』 권13 「고구려본기」 〈시조동명성왕〉 10년조; 『삼국사기』 권15 「고구려본기」 〈태조왕〉 4년조.

그들의 행정조직에 남·북옥저를 편입시켰다. 그리고 각 마을의 원주민 우두머리 가운데서 우수한 사람을 대인(大人)으로 삼고 그들에게 고구려의 사자라는 벼슬을 주어 각 마을을 통치하게 했는데, 조세의 수납만은 대가 벼슬에 있는 고구려인이 총괄하도록 했다.[197]

동예

동예는 원래 요서 지역에 있었던 고조선의 거수국인 예와 맥[198]의 주민 가운데 일부가 위만조선의 영토 확장과 서한 무제의 침략 때 그에 항거하며 동쪽으로 이동해 세운 국가다. 그들 자신은 국명을 예 또는 예맥이라고 했으나, 요서 지역의 원주지에 남아 있던 예나 맥과 구별하기 위해 동예라고 부른다.

동예는 북쪽은 고구려와 옥저, 남쪽은 진한, 동쪽은 동해, 서쪽은 조선 및 최씨낙랑국과 국경을 접하고 있었는데, 지금의 함경남도 남부와 강원도 지역이었다.[199] 여기에 등장하는 조선은 고조선 붕괴 후 묘향산 지역에 거주했던 단군 일족의 후손을 말한다.

동예의 주민은 약 2만 호였는데, 관직으로는 후, 읍군(邑君), 삼

---

197 『삼국지』 권30 「오환선비동이전」 〈동옥저전〉.
198 윤내현, 앞의 글 「위만조선의 재인식」, 『한국 고대사 신론』, pp. 294~295.
199 『후한서』 권85 「동이열전」; 『삼국지』 권30 「오환선비동이전」 〈예전〉.

로 등이 있어 그들이 하호를 통치했다. 동예의 노인들은 스스로 말하기를 자신들은 고구려와 같은 종족이라 했는데, 언어, 법령, 풍속 등이 대체로 고구려와 비슷했다.[200] 동예 사람들이 스스로 고구려와 같은 종족이라고 생각하고 언어나 법령, 풍속 등이 비슷한 것은 그들이 모두 고조선의 거수국으로 같은 민족이었기 때문이다.

동예에는 마을(읍락)마다 경계가 있고 산과 강에도 경계가 있어서 그것이 각 마을의 생활권을 형성했고, 다른 마을의 생활권 안에서는 농경이나 사냥, 고기잡이 등을 할 수 없었다. 만약 다른 마을의 생활권을 침범하면 책화(責禍)라 하여 노비나 소, 말 등으로 배상했다.

동예 사람들은 성품이 우직하고 건실하며 욕심이 적어 남에게 구걸하지 않았고, 보전에 능했으며, 길이가 9미터쯤 되는 창을 만들어 여러 사람이 함께 잡고 사용하기도 했다.[201] 동예는 서기 245년 이전에 고구려에 병합되었던 것으로 추정된다.

---

200 위와 같음.
201 위와 같음.

최씨낙랑국과 대방국은 지금의 난하 동부 유역에 있었던 낙랑과 대방의 고조선 주민들이 위만조선의 영토 확장과 서한 무제의 침략에 대항하며 동쪽으로 이동해 세운 나라였다.[202]

최씨낙랑국은 북쪽은 고구려, 동쪽은 동예, 남쪽은 대방과 접경해 지금의 청천강과 대동강 사이에 위치해 있었고, 대방국은 북쪽은 최씨낙랑국, 남쪽은 한의 백제(伯濟: 후에 百濟가 되었다)와 접경해 지금의 황해도 봉산군을 중심으로 하여 대동강과 임진강 사이에 있었다.[203]

최씨낙랑국은 서기전 28년과 서기 4년, 11년, 36년에는 신라의 북변을, 서기전 8년과 2년에는 백제를 공략하는 등 영역 확장을 시도하기도 했으나, 최리왕(崔理王) 때인 서기 37년에 고구려(대무신왕 20년)에 의해 일차 멸망했다.[204]

그로부터 7년 후인 서기 44년 동한 광무제가 지금의 요서 지역으로 진출해 오는 고구려를 견제하기 위해 바다를 건너 최씨낙랑국이 있었던 지금의 평양 지역을 침략해 그 지역 주민을 도와 최씨낙랑국을 재건했다. 고구려의 배후에 자신들과 가까운 세력을

---

202 윤내현, 앞의 글 「한사군의 낙랑군과 평양의 낙랑」, 『한국 고대사 신론』, pp. 205~343; 이병두, 앞의 글 「중국 고대 군현 위치고」, pp. 36~81.
203 위의 글 참조.
204 『삼국사기』 「신라본기」와 「고구려본기」의 해당년조 참조.

심기 위한 것이었다. 이렇게 청천강과 대동강 사이에 최씨낙랑국이 재건되었다.[205]

대방국은 최씨낙랑국보다 늦게 건국되어 최씨낙랑국이나 백제 등과는 비교적 선린 관계를 유지했다. 최씨낙랑국과 대방국은 서기 300년에 함께 신라[기림이사금(基臨尼師今) 3년]에 완전히 귀복했다.[206]

말갈이라는 명칭은 여러 곳에서 등장한다. 『삼국사기』에 기록된 것만 보더라도 고구려에 속해 만주 지역에 있었던 말갈, 백제와 신라 북쪽 한반도 중부에 있었던 말갈, 중국 당나라에 속해 있었던 말갈, 발해 지역에 있었던 말갈 등이 있다. 이들은 원래 지금의 요서 지역에 거주했던 숙신이었는데, 그곳에 위만조선이 영토를 확장하고 한사군이 설치되는 과정에서 요하 동쪽으로 이동하면서 여러 곳으로 흩어지게 되었다.

한반도에서 말갈은 중부 지역에 위치했던 것으로 나타나는데, 처음에는 백제의 북변을, 뒤에는 신라를 침략했다. 이들을 종래에 는 동예에 대한 다른 명칭일 것으로 보았으나 그렇지 않다. 이들은 최씨낙랑국에 종속된 부용(附庸) 집단으로 그 남부에 거주했으나, 최씨낙랑국이 고구려에 병합된 후에는 고구려에 종속된 부용

---

205 윤내현, 「최씨낙랑국 흥망고」, 김문경 교수 정년기념 논총 간행위원회, 『동아시아 연구논총』, 혜안, 1996.

206 『삼국사기』 권2 「신라본기」 〈기림이사금〉 3년조.

집단이 되었다.[207] 그 후 이들은 지금의 강원도 지역으로 거주지를 옮겨 고구려를 도와 신라의 북변을 자주 침략했다.

여기서 한 가지 분명히 해두어야 할 것은 평양의 낙랑 유적과 황해도 봉산군의 대방 유적에 관한 것이다. 그간 일부 학자들은 이 유적을 한사군의 낙랑군과 대방군 유적으로 보았으나 그렇지 않다. 최씨낙랑국과 대방국은 난하 유역의 낙랑과 대방 지역에서 이주한 사람들이 세운 나라였으므로 서한이 요서 지역에 한사군을 설치한 이후에도 계속 난하 유역의 낙랑군과 대방군 주민들이 최씨낙랑국과 대방국으로 이주해 왔다. 그리고 최씨낙랑국은 동한 광무제의 도움으로 재건되었으므로 동한과는 아주 친밀한 관계에 있었다. 따라서 동한 사람들이 많이 와서 거주했다. 그러므로 평양의 낙랑 유적과 봉산군의 대방 유적은 낙랑군과 대방군 지역으로부터 이주해 온 사람들이 모여 살았던 유적인 것이다.[208]

207 윤내현, 「한반도 말갈의 성격」, 『한국 열국사 연구』, pp. 498~530.
208 윤내현, 앞의 글 「한사군의 낙랑군과 평양의 낙랑」, 『한국 고대사 신론』, pp. 331~340; 이병두, 앞의 글 「중국 고대 군현 위치고」, p. 50.

제5장
한의 정치와 사회 변화

한의 정치

한(韓)은 고조선시대에는 청천강 이남의 한반도를 차지하고 있던 고조선의 거수국이었으나 고조선이 붕괴되자 독립국이 되었다.[209] 고조선이 붕괴되면서 요서 지역의 주민들이 요하 동쪽으로 이동해 동부여, 고구려, 동옥저, 동예, 최씨낙랑국 등의 국가를 세우자 요하 동쪽에 있던 주민 일부가 다른 지역으로 이동하는 연쇄 현상이 일어났는데, 이 시기에 요하 동부 유역에 있었던 진국(辰國)의 주민들이 한 지역으로 많이 이주해 왔다.

진국의 위치를 한반도 남부로 보는 학자들이 있으나 그것은 옳

---

209 윤내현, 「한의 독립과 강역 변천」, 『한국 열국사 연구』, pp. 150~177.

지 않다. 『위략』에는 위만조선의 조선상 역계경이 우거왕에게 간했으나 본인의 주장이 받아들여지지 않자 2천 호를 이끌고 동쪽의 진국으로 망명했다고 기록되어 있다.[210] 이것은 진국이 위만조선의 동쪽에 있었음을 의미한다.

진국은 요하 동부 유역으로부터 청천강에 이르는 지역에 있었던 고조선의 거수국이었다. 후에 이 지역에 나라를 세웠던 발해가 스스로 국명을 진(震)이라고 했던 것은 진국을 계승한다는 뜻이었던 것이다. 진국과 한은 고조선에서 중요한 위치에 있었던 거수국들이었고 지리적으로도 접해 있어서 매우 친밀했다. 그러므로 이들이 이주해 오자 한은 부담 없이 그들을 받아들여 독립국으로 출발하게 되었던 것이다.[211]

한은 고조선 붕괴 직후 두 번에 걸쳐 영역에 변화가 있었다. 고조선시대에 한은 청천강을 북쪽 경계로 하여 그 이남의 넓은 지역을 차지하고 있었다. 그런데 고조선의 붕괴와 더불어 난하 유역의 낙랑에서 이주해 온 사람들이 청천강과 대동강 사이에 최씨낙랑국을 세우자 한의 영역은 대동강 이남으로 줄어들었다. 그 후 난하 유역의 대방 지역 사람들이 이주해 지금의 황해도 지역에 대방국을 세우자 한의 영역은 다시 지금의 임진강 이남으로 줄어들었다.[212]

---

210 『삼국지』 권30 「오환선비동이전」 〈한전〉의 주석으로 실린 『위략』 참조.
211 『후한서』 권85 「동이열전」 〈한전〉.
212 윤내현, 「삼한 지역의 사회 변천」, 『백산학보』 35호, 1988, pp. 71~114.

한은 지역에 따라 마한, 진한, 변한으로 불렀다. 마한은 서부 지역으로 지금의 경기도, 충청남북도, 전라남북도 지역이며, 진한은 동부 지역으로 지금의 강원도 남부와 경상북도 지역, 변한은 동남부 지역으로 경상북도 남부 일부와 경상남도 지역이었다. 마한·진한·변한 지역을 통합한 한이 성립되기 전, 즉 마을연맹체사회 단계에서는 각 지역에 독립된 정치 집단들이 있었으나, 고조선이 건국되어 한이라는 거수국이 성립된 후에는 이들 모두가 한이라는 하나의 정치 조직에 포함되었다.

따라서 마한, 진한, 변한은 자연환경과 생활 풍속에 약간의 차이가 있어서 편의상 지역에 따라 불린 명칭이었을 뿐, 독립된 정치 단위나 행정구역은 아니었다. 마한, 진한, 변한 가운데 마한이 한의 정치적·경제적·문화적 주도권을 가지고 있었고, 한의 각 지역 지배귀족도 대개 마한 출신이었다.[213]

한의 통치자는 진왕이라 불렸는데, 진왕이란 '큰 왕', '대왕'이라는 뜻이다. 한에는 모두 78개의 국(國)이 있었는데, 이들은 진왕의 통치를 받는 거수국이었다.[214] 78국 가운데 마한에 54국, 진한과 변한에 각각 12국이 있어 마한 지역이 가장 넓었다. 각국의 규모에도 차이가 있어 마한 지역은 대국은 1만여 가, 소국은 수천 가로 총 10여만 호였는데, 진한과 변한 지역은 대국은 4~5천 가, 소

---

213 『후한서』 권85 「동이열전」; 『삼국지』 권30 「오환선비동이전」 〈한전〉.
214 위와 같음.

국은 6~7백 가로 총 4~5만 호였다. 각국의 규모나 인구로 보아도 마한 지역이 가장 넓었음을 알 수 있다.

진왕은 마한 지역에 거주하며 한을 통치했는데, 초기에는 지금의 충청남도 직산 지역에 있던 목지국(目支國)에 도읍하고 그 지역을 직할지로 삼고 있었다.[215] 그러나 후에 마한의 북부에 위치해 있던 거수국인 백제가 독립해 영토를 확장하자 그 세력에 밀려 진왕은 지금의 전라북도 익산 지역의 월지국(月支國)으로 도읍을 옮겼다.[216]

진왕 밑에는 중앙관직으로 위솔선(魏率善), 읍군, 귀의후(歸義侯), 중랑장(中郞將), 도위(都尉), 백장(伯長) 등이 있었다. 그리고 진왕의 통치를 받았던 각국에는 그 규모에 따라 신지(臣智), 험측(險側), 번예(樊濊), 살해(殺奚), 읍차(邑借) 등의 작위가 있었는데, 그들을 총칭해 거수라 했다.[217] 초기에 마한에 속해 있었던 백제의 온조가 진왕에게 신록(神鹿)을 잡아 바친 것, 하남위례성(河南慰禮城)으로의 천도를 보고한 것, 말갈 추장 소모(素牟)를 잡아 보낸 것[218] 등을 볼 때 한의 거수들이 진왕에게 중요한 업무를 보고하고 공물을 납부하는 등 일정한 의무를 지고 있었음을 알 수 있다. 한의 거수는 동부여나 고구려의 제가와 비슷했다. 다만 한의

---

215 『후한서』 권85 「동이열전」 〈한전〉.
216 『삼국사기』 권23 「백제본기」 〈시조온조왕〉조.
217 『후한서』 권85 「동이열전」; 『삼국지』 권30 「오환선비동이전」 〈한전〉.
218 『삼국사기』 권23 「백제본기」 〈시조온조왕〉 10·13·18년조.

왕권은 동부여나 고구려의 왕권에 비해 중앙집권화가 덜 되어 있었다.

마한 지역에는 거수의 작위 가운데 신지와 읍차 두 가지만 있었고, 진한과 변한 지역에는 신지, 험측, 번예, 살해, 읍차 등 다섯 가지가 모두 있었다.[219] 이와 같이 마한과 진한, 변한 지역에 거수의 작위 종류에 차이가 있는 것은 그 지역에 있었던 거수국의 규모 때문이었을 것이다. 마한 지역은 거수국의 규모가 수천 가에서 1만여 가, 진한과 변한 지역은 6~7백 가에서 4~5천 가로, 마한 지역은 거수국의 규모가 다양하지 않았기 때문에 두 개의 등급으로 나누어졌고, 진한과 변한은 거수국의 규모가 다양했으므로 다섯 등급으로 나누어졌을 것이다.

한의 국가 구조는 진왕의 직할지인 목지국 아래에 78개의 거수국이 있었는데, 거수들은 국읍에 거주하면서 그의 국내에 있는 마을(읍락)들을 통치했다. 따라서 한의 통치 구조를 도식적으로 말하면 도읍인 목지국의 국읍 아래에 거수국의 국읍이 있었고, 그 아래에 일반 마을들이 있었다. 한이 도읍을 월지국으로 옮긴 후에는 국가의 영역이 크게 줄어들었으나, 구조는 변함이 없었다.

한은 매우 준엄한 법으로 통치되었다.[220] 그러면서도 종교가 통치의 중요한 요소로 작용하고 있었다. 각 거수국에는 하느님에 대

---

219 『후한서』 권85 「동이열전」; 『삼국지』 권30 「오환선비동이전」 〈한전〉.
220 위와 같음.

한 제사를 관장하는 종교적 권위자가 있었는데, 그를 천군이라 했다. 종교적 성지로서 별도의 마을이 있었는데 그곳을 소도라 했으며, 범죄자라도 소도로 도망하면 체포할 수 없을 정도로 그 종교적 권위가 인정되었다.[221] 이러한 종교 조직은 진왕을 정점으로 하고 있어서 진왕이 하느님을 대리해서 한을 통치한다는 종교적 권위를 뒷받침했다.

진왕에 의한 한의 통치는 국가 구조나 통치 조직 및 통치 성격으로 보아 단군에 의한 고조선 통치의 축소판이었다. 한은 고조선의 사회 질서가 가장 늦게까지 유지되었던 곳이었다.

여기서 한 가지 분명히 해야 할 것이 있다. 그것은 사료의 해석에 관한 것이다. 『후한서』「동이열전」과 『삼국지』「오환선비동이전」의 〈한전〉에는 진제국의 병역과 노역을 피해 고조선의 서부 국경인 난하 유역에 이주해 와 있던 중국인들 중 일부가 고조선 말기 난하 유역이 전란에 휘말린 후 마한 지역으로 이주해 오자 마한은 그들을 동부의 진한과의 경계 지역에 살게 했는데, 그들은 그곳에 성책(城柵)을 만들고, 중국인 마을을 만들었으며, 그 '진인(秦人)'들의 말은 마한의 말과 달랐다고 기록되어 있다.

그들은 중국 사람들이므로 그들이 사용한 말이 마한의 말과 다른 것은 당연하다. 그런데 이 기록에서 '진인(秦人)'을 '진인(辰人)'으로 해석하고 마치 진한 사람들의 말이 마한의 말과 달랐던 것

처럼 잘못 인식하고 있는 학자들이 있다. 그들은 심지어 진한 지역에서 건국된 신라의 말이 백제 및 가야의 말과 달랐을 것으로 보기까지 한다. 그러나 이것은 바로잡혀져야 하는 부분이다.

한 사회의 변화

한은 다른 나라들에 비해 고조선에서 지니고 있었던 국가 구조와 통치 조직, 사회 질서 등의 성격이 가장 늦게까지 남아 있었다. 한반도 남부에 위치해 고조선 말기에 있었던 전쟁이나 사회 변화의 영향을 비교적 적게 받았기 때문이다.

고조선의 사회 질서가 붕괴된 데는 두 가지 요인이 작용했다. 첫째는 고조선 말기의 철기 보급으로 인한 사회 구조와 경제 구조 및 생산 관계의 변화이고, 둘째는 위만조선 및 서한과의 두 번에 걸친 큰 전쟁이었다.

철기의 보급에 의한 사회 구조와 경제 구조 및 경제 질서의 변화는 한 지역이나 북방 지역이 동일하게 겪었지만, 전쟁에 의한 사회 질서 붕괴는 북방 지역이 훨씬 심한 타격을 받았다. 북방 지역에서 독립국으로 출발한 동부여나 고구려의 주민들은 위만조선이나 서한과의 전쟁을 직접 체험했던 반면, 한 지역의 주민들은 그렇지 않았다. 따라서 한 지역은 옛 질서가 일시에 붕괴되지 않았다.

그러나 옛 질서가 계속 유지될 수는 없었다. 진한과 변한 지역에서는 철이 많이 생산되어 동예와 왜 등에 수출할 정도였으므로[222] 철기가 이미 널리 보급되어 있었다. 경상남도 다호리 유적에서 출토된 서기전 1세기경의 매우 발달된 철기는 당시 철기가 매우 발달했음을 뒷받침한다.[223] 이러한 철기의 보편화는 사회 구조와 경제 구조 및 경제 질서에 변화를 가져와 옛 질서를 와해시켰다.

거기에다 북방 지역으로부터 이주해 온 주민들은 북방 지역에서의 옛 질서가 붕괴된 상황을 잘 알고 있었다. 이들의 의식은 한의 주민들에게 영향을 주었다. 그뿐만 아니라 북방 지역으로부터 이주한 일부 집단과 그 영향을 받은 토착 세력은 한에서 정치 세력을 형성했다. 마한 북부의 임진강 유역에서 건국된 백제는 이주민에 의한 것이었고, 경주 지역에서 건국된 사로(斯盧)는 토착 세력에 의한 것이었다.[224]

이러한 상황이 복합적으로 작용해 한의 사회도 동요되었다. 백제나 사로는 처음에는 한의 거수국으로 진왕의 통치 아래 있었지만, 이미 새로운 사회 질서를 추구하는 독립국으로 출발하고 있었다. 그들은 종래의 거수국제국가의 구조에 기초한 지방분권적 통

---

222 위와 같음.
223 『박물관신문』 1988년 5월 1일자.
224 사로는 신라의 전신인데, 이들을 북쪽에서 이주한 사람들이라고 보는 견해가 있다. 그러나 『삼국사기』 권1 「신라본기」 〈시조혁거세거서간〉조에 의하면, 이들은 원래 진한 6부로서 그 지역 토착인들이었다.

치 조직을 버리고 영역국가의 구조에 기초를 둔 중앙집권적 통치 체제를 추구하고 있었다. 한은 이러한 신흥 세력을 억제할 능력이 없었다.

마한 지역에서는 북부에서 백제가, 진한 지역에서는 사로가 세력을 확장하고 있었다. 한은 걷잡을 수 없는 사회 변화의 소용돌이를 맞게 되었다. 백제의 온조왕(溫祚王)은 세력을 키워 주변을 복속시킨 후 서기 9년(온조왕 27년)에는 드디어 한의 도읍인 목지국을 함락했다.[225] 이렇게 되어 한은 마한·진한·변한 지역에 있었던 78개의 거수국을 통치하는 것이 불가능하게 되었다.

백제에게 목지국과 그 주변 지역을 빼앗긴 진왕과 그 일족은 남쪽으로 이주해 월지국에 도읍하고 나라를 재건했다. 한의 진왕이 백제에게 목지국을 빼앗기고 중앙의 통치 능력을 잃게 되자 진왕에게 복종하지 않는 거수국이 많이 나타났고, 이후 진왕이 통치한 영역은 월지국과 그 주변 및 진한·변한 지역에 있었던 12개의 거수국에 불과하게 되었다.[226]

그 결과, 한에는 한 왕실과 더불어 백제와 사로 및 새로 독립한 여러 나라들이 공존하게 되었다. 이러한 사회 변화의 영향을 받아 낙동강 중하류 유역의 변한 지역에서는 가야가 일어났다. 서기 2세기경에 이르면 한 지역에는 백제, 신라(사로), 가야 등이 확고하

---

225 『삼국사기』 권23 「백제본기」 〈시조온조왕〉 27년조.
226 『삼국지』 권30 「오환선비동이전」 〈한전〉.

게 자리를 잡아 서로 국경을 접하게 되었다. 한 왕실과 일부 소국들은 서기 4세기까지 명맥을 유지했으나, 서기 369년[백제 근초고왕(近肖古王) 24년]에 월지국과 그 주변 지역이 백제에게 함락[227]됨에 따라 일부 소국들이 신라와 가야에 병합되면서 한은 완전히 멸망했다.

---

227 『일본서기(日本書紀)』「신공기(神功記)」 49년조.

제6장
백제 초기의 세력 확장

백제 초기의 정치

백제는 부여계 일족이 남하해 세운 나라로, 원래 마한 북부에 위치해 진왕의 지배를 받던 한의 거수국이었다. 백제를 건국한 인물은 일반적으로 온조왕으로 알려져 있으나 실은 그의 형인 비류(沸流)였으며, 비류왕이 건국 5개월 만에 후사를 두지 못하고 사망하자 온조왕이 뒤를 이어 백제의 기틀을 닦았다.[228] 그러한 연유로 온조왕이 백제의 시조로 전해져 왔다.

비류왕과 온조왕의 아버지는 북부여 해부루왕의 후손인 우태(優台)였고, 어머니는 졸본 출신 소서노(召西奴)였다. 우태가 사망한

---

228 윤내현, 「백제의 건국과 성장」, 『한국 열국사 연구』, pp. 179~191.

후 소서노가 북부여에서 망명한 추모왕과 재혼해 고구려 건국을 도왔는데, 추모왕에게는 이미 북부여에 본부인과의 사이에 태어난 아들이 있었으므로 비류와 온조는 남쪽으로 내려와 한의 진왕으로부터 대수 유역, 즉 지금의 임진강 유역의 땅 사방 1백 리를 분봉(分封)받아 서기전 18년에 미추홀에 도읍하고 백제를 건국했던 것이다.[229] 임진강 북부 유역에는 원래 대방국이 있었으므로 옛 문헌에는 백제가 대방의 옛 땅에서 건국되었다고도 기록되어 있다.

백제 왕실은 성을 부여씨라 했고, 동명왕의 사당을 모셨으며, 후에 사비(지금의 충청남도 부여)로 도읍을 옮긴 후에는 국명을 남부여라 했는데, 이러한 사실들은 이들이 부여 계통임을 말해준다. 백제 왕실은 성을 해(解)라고도 하는데, 이는 그들의 조상이 북부여에 있을 때의 성이 해였기 때문일 것이다.

백제는 서기전 5년(온조왕 14년)에 도읍을 하남위례성으로 옮겼는데,[230] 지금의 경기도 하남시 교산동 지역일 가능성이 높다.[231] 백제는 초기에 한의 진왕에게 신록을 잡아 바치기도 하고, 말갈

---

229 윤내현, 위의 글 「백제의 건국과 성장」, 『한국 열국사 연구』, pp. 191~200; 일반적으로 백제의 첫 도읍은 위례성 또는 하북위례성이었던 것으로 알려져 있으나 근거는 없다. 온조왕이 천도한 도읍명이 하남위례성이므로 그전의 도읍명은 위례성이나 하북위례성이었을 것으로 추측한 것이다. 비류왕의 도읍 명칭이 미추홀이었다는 기록이 있음에도 불구하고 지난날에는 온조를 백제의 건국조로 보았기 때문에 학자들은 그곳을 백제의 첫 도읍으로 생각하지 않았다. 미추홀은 〈광개토대왕비문〉에 미추성으로 기록되어 있는데, 임진강 유역으로 추정된다.

230 『삼국사기』 권23 「백제본기」 〈시조온조왕〉 14년조.

231 윤내현, 앞의 글 「백제의 건국과 성장」, 『한국 열국사 연구』, pp. 196~197.

추장 소모를 사로잡아 보내는가 하면, 하남위례성으로의 천도를 보고하는 등 거수국으로서의 의무를 충실히 수행했다.[232]

그러나 하남위례성으로 천도한 후 한강 유역을 중심으로 착실하게 국력을 키운 백제는 주변에 있는 한의 거수국들을 병합하고, 서기 9년(온조왕 27년)에는 한의 도읍이었던 목지국까지 병합했다.[233] 그리하여 백제는 온조왕 때 그 영토가 북쪽으로는 예성강, 동쪽으로는 춘천, 남쪽으로는 직산까지 확대되어 종래의 마한 지역 절반 이상을 차지하게 되었다.

백제는 중앙의 최고 관직으로 초기에는 우보(右輔)가 있었으나, 서기 37년[다루왕(多婁王) 10년]에는 좌보(左補)를 우보 위에 설치하고 군사는 좌장이 통솔하게 함으로써 관직을 세분화했다.[234] 지방 행정구역은 초기에 남부와 북부, 두 구역으로 나뉘어 있었으나, 서기 15년(온조왕 33년)에 백제의 영토가 크게 확장됨에 따라 동부와 서부, 두 구역을 더 설치해 4부를 두었다.[235]

지방 행정구역인 4부에 중앙 행정구역을 더해 백제의 전국 행정구역은 5부제였는데, 그것은 부여나 고구려의 5부제와 같은 것이었다. 각 지역의 행정구역인 부 아래에는 성읍들이 있었고, 성읍 아래에는 일반 마을(읍락)들이 있어 통치 조직을 형성했다. 5부

---

232 『삼국사기』 권23 「백제본기」 〈시조온조왕〉 10·13·18년조.
233 『삼국사기』 권23 「백제본기」 〈시조온조왕〉 27년조.
234 『삼국사기』 권23 「백제본기」 〈다루왕〉 10년조.
235 『삼국사기』 권23 「백제본기」 〈시조온조왕〉 33년조.

제의 성립은 지방의 유력한 세력을 통치 조직 속에 끌어넣은 지배 체제로서 중앙집권체제 강화의 일면을 보여준다.

백제는 그 후 서기 260년[고이왕(古爾王) 27년] 중앙집권의 통치 체제를 더욱 공고히 하기 위한 조치의 하나로 관제를 정돈해 6좌평(佐平)제도와 16등급의 관품제도를 마련했고, 관품의 등급에 따라 옷의 색깔까지도 정했다. 이것은 신분의 서열이 한층 엄격해졌음을 보여준다.[236]

좌평은 내신좌평(內臣佐平), 내두좌평(內頭佐平), 내법좌평(內法佐平), 위사좌평(衛士佐平), 조정좌평(朝廷佐平), 병관좌평(兵官佐平) 등이었는데, 내신좌평은 왕의 명령을 하달하고 귀족과 관리의 제의를 왕에게 전달했으며, 내두좌평은 국가의 재정을 관장했고, 내법좌평은 예법과 외교 및 교육을 담당했으며, 위사좌평은 왕궁과 도읍을 경비하는 군사를 지휘·감독했고, 조정좌평은 형벌과 감옥, 즉 사법과 경찰의 업무를 관장했으며, 병관좌평은 지방의 군대를 지휘·감독했다. 6좌평 가운데 수석좌평은 내신좌평이었는데, 대체로 왕의 동생이나 가까운 친척들이 임명되었다. 그리고 좌평이나 좌장 등의 높은 관직은 대개 해(解), 진(眞), 사(沙), 연(燕), 협(劦), 국(國), 목(木), 백(苩) 등 8성의 명문이 차지했는데, 그 가운데서도 해씨와 진씨가 가장 특권을 가진 문벌이었다.

16등급의 관품은 좌평을 1등급으로 하여 차례로 달솔(達率), 은

---

236 『삼국사기』 권24 「백제본기」 〈고이왕〉 27년조.

솔(恩率), 덕솔(德率), 한솔(扞率), 나솔(奈率), 장덕(將德), 시덕(施德), 고덕(固德), 계덕(季德), 대덕(對德), 문독(文督), 무독(武督), 좌군(佐軍), 진무(振武), 극우(剋虞) 등의 순서였는데, 1등급인 좌평부터 6등급인 나솔까지는 자주색 옷을 입고 은화(銀花)로 관을 장식하도록 했고, 7등급인 장덕부터 11등급인 대덕까지는 붉은색 옷, 12등급인 문독부터 16등급인 극우까지는 푸른색 옷을 입도록 했다.[237]

서기 262년(고이왕 29년)에는 관리로서 재물을 받은 자와 도둑질한 자는 세 배를 배상하고 종신토록 금고(禁錮)에 처하는 법령을 내렸다.[238] 이러한 일련의 정치제도 조직화와 법령 제정은 백제가 중앙집권을 위한 전제왕권의 기반을 강화하고 있었음을 의미한다.

고이왕의 중앙집권적 전제왕권 강화를 위한 정치제도 조직화의 기초 위에서 근초고왕(재위: 서기 346~375)은 백제의 국력을 한층 신장시켰다. 그는 서기 369년(근초고왕 24년)에는 전라북도 익산 지역의 월지국에 옮겨 가 있던 한을 멸망시키고 그 영토를 병합했으며,[239] 고구려를 평양성까지 쳐들어가 고국원왕을 전사케 하는 등 영토를 확장해[240] 지금의 경기도, 충청도, 전라도 전부와 강

---

237 위와 같음.
238 『삼국사기』 권24 「백제본기」 〈고이왕〉 29년조.
239 『일본서기』 「신공기」 49년조.
240 『삼국사기』 권24 「백제본기」 〈근초고왕〉 26년조.

원도, 황해도 일부를 차지했다.

그리고 해외로는 동진 및 왜와 교섭을 가져 국제적 지위도 확고히 했다. 백제의 발전은 근초고왕의 아들인 근구수왕(近仇首王, 재위: 서기 375~384)에 의해 더욱 촉진되었고, 그 뒤를 이은 침류왕(枕流王, 재위: 서기 384~385)과 그 이후의 왕들에 의해 계승되었다.

백제의 성장

백제는 건국 초기에는 주변의 토착 세력으로부터 압박을 받았다. 온조왕은 초기에 여러 차례에 걸쳐 동북쪽에 있던 말갈의 침략을 받았다. 따라서 온조왕은 주변에 있던 기존 정치 세력과의 관계를 원만하게 하기 위해 한의 진왕에게 의무를 충실히 이행했고, 북쪽의 최씨낙랑국에 사신을 보내 화친을 맺기도 했다.

그러나 백제의 세력 확장은 주변의 세력들과 마찰을 일으켰다. 서기전 11년(온조왕 8년)에는 북부 변경의 최씨낙랑국과의 접경 지역에 마수성(馬首城)을 쌓고 병산책(甁山柵)을 세운 것이 화근이 되어 서기전 8년(온조왕 11년) 최씨낙랑국과 말갈의 공동 공격을 받았다.[241] 온조왕은 북쪽에 있는 최씨낙랑국 및 말갈과의 관계가 악화되자 남쪽으로 천도할 필요를 느끼고 서기전 5년(온조왕

---

[241] 『삼국사기』 권23 「백제본기」 〈시조온조왕〉 8·11년조.

14년)에 한수(漢水) 이남의 하남위례성으로 도읍을 옮겼다.

하남위례성으로 도읍을 옮긴 백제는 본격적으로 영토 확장에 나섰다. 온조왕은 한이 내부적 갈등과 모순으로 기존의 사회 질서가 붕괴되고 있음을 파악하고, 서기 9년(온조왕 27년)에 한의 도읍지인 목지국과 그 주변 지역을 쳐서 병합했다.

영토 확장에 성공한 온조왕은 각 지역에 성벽을 쌓고 위례성을 수축(修築)하는 등 방위를 굳건히 했다. 백제는 경제적 기초를 튼튼히 하기 위해 서기 33년(다루왕 6년)에는 남쪽의 여러 주와 군에 명령을 내려 벼 재배를 장려했다.[242] 서기 63년(다루왕 36년)에는 동쪽으로 영토를 넓혀 신라와 국경을 접하게 되었는데, 그 후 백제와 신라 사이에는 잦은 국경 분쟁이 일어났다.

백제는 서기 105년[기루왕(己婁王) 29년]에 신라에 사신을 보내 화친을 맺었다.[243] 신라와 화친을 맺어 배후에 위험 세력이 없어지자 백제는 서기 121년(기루왕 45년)에는 고구려의 태조왕이 현도군과 요동군을 공격하는 데 기병 1만여 기를 보내 협조했다.[244] 고구려의 고조선 고토수복에 합세한 것이었다. 서기 125년(기루왕 49년)에는 말갈이 신라를 침략하자 백제가 구원병을 보내 신라를

---

242 『삼국사기』 권23 「백제본기」 〈다루왕〉 6년조.

243 『삼국사기』 권23 「백제본기」 〈기루왕〉 29년조.

244 『삼국사기』 권15 「고구려본기」 〈태조왕〉 69년조; 『후한서』 권5 「효안제기(孝安帝紀)」 건광(建光) 원년조; 『후한서』 권85 「동이열전」 〈고구려전〉.

도우니[245] 백제와 신라의 관계는 한층 친밀해져 60여 년간 평화적인 관계가 유지되었다.

그러나 서기 155년(개루왕 28년)에 신라의 아찬(阿湌) 길선(吉宣)이 모반했다가 백제로 망명한 것이 화근이 되어 두 나라의 관계는 악화되었다. 거기에다 서기 167년[초고왕(肖古王) 2년] 백제가 신라의 서쪽 경계에 있는 두 성을 치고 남녀 1천여 명을 사로잡아 오자 두 나라의 관계는 더욱 악화되었다.[246] 그 후 백제는 초고왕과 구수왕(仇首王) 시대에 신라와 10여 차례에 걸쳐 전쟁을 벌였으나 큰 성과를 거두지 못했다.

백제는 서기 242년(고이왕 9년)에 남택(南澤)에 논을 개간하는 등 경제적 기반을 충실히 하면서 서기 246년(고이왕 13년)에는 요서 지역에 진출했다. 당시 중국은 삼국시대로서 북부에 있었던 위나라의 유주자사 관구검이 고구려의 환도성에 침입했는데, 그 후방이 비어 있는 것을 틈타 백제는 좌장 진충을 파견해 난하 유역의 낙랑군의 서부를 공격해 빼앗았다.[247] 이는 백제가 고구려와 합세해 고조선의 고토를 수복하려 했다는 점에서도 의미가 있지만, 백제가 중국에 진출할 거점을 확보했다는 데 더 큰 의미가 있다.

백제는 서기 255년(고이왕 22년)에 신라와 전쟁을 재개해 괴곡(槐谷)에서는 이기고 봉산성(烽山城)에서는 패하는 등 고이왕 말

---

245 『삼국사기』 권23 「백제본기」 〈기루왕〉 49년조.
246 『삼국사기』 권23 「백제본기」 〈개루왕〉 28년조, 〈초고왕〉 2년조.
247 『삼국사기』 권24 「백제본기」 〈고이왕〉 13년조.

년까지 일곱 차례에 걸쳐 싸움을 했다. 그러나 신라와의 전쟁이 크게 도움이 되지 않자 백제는 서기 286년(고이왕 53년)에 사신을 보내 신라와 화친을 맺었다.[248] 신라와의 화친으로 한반도 내에서 배후가 위험하지 않게 된 백제는 이후 중국 진출에 적극성을 갖게 되었다.

서기 298년[책계왕(責稽王) 13년]에 책계왕은 50여 년 전 고이왕 때 진충이 빼앗은 난하 유역의 낙랑군 서부 지역을 확장하기 위해 친히 출정했다가 전사했다.[249] 서기 304년[분서왕(汾西王) 7년]에는 책계왕의 뒤를 이은 분서왕이 다시 낙랑군 서부 지역을 확장하는 과정에서 낙랑태수가 보낸 자객에게 살해당했다.[250] 분서왕의 뒤를 이은 비류왕(재위: 서기 304~344)은 전사한 선왕들의 유지를 받들어 적극적인 중국 진출 정책을 펴 마침내 서진(西秦)의 요서군과 진평군을 차지했는데, 지금의 북경과 그 주변 지역을 포함한 난하 서부 유역이었다.[251]

한반도의 곡창 지역을 차지하고 있었고 오래전부터 중국에 거점을 가지고 있었던 백제는 국내와 중국 점령지의 농업 기반과 요서·진평 두 군을 통한 중국과의 무역으로 국고 수입이 늘어났다. 그러한 경제적 기반 위에서 서기 313년(비류왕 9년)에는 관원

---

248 『삼국사기』 권24 「백제본기」 〈고이왕〉 53년조.
249 『삼국사기』 권24 「백제본기」 〈책계왕〉 13년조.
250 『삼국사기』 권24 「백제본기」 〈분서왕〉 7년조.
251 김상기, 「백제의 요서 경략에 대하여」, 『백산학보』 3호, 1967, p. 12.

을 각지에 파견해 백성들을 위로하고, 극빈자에게는 곡식을 세 석씩 나누어 주었다.[252]

그런데 서기 369년(근초고왕 24년)에 고구려와의 관계가 악화되었다. 그해 고구려의 고국원왕이 친히 병사 2만여 명을 이끌고 치양(雉壤: 지금의 황해도 백천 지방)에 주둔해 백제를 침략하려 하자 백제는 이를 급습해 고구려의 군사 5천 명을 사로잡았다. 2년 후에 다시 고구려의 대군이 침략해 왔으나 이를 패퇴시키고 고구려의 평양성까지 반격해 들어갔는데, 이때 고구려의 고국원왕이 전사했다.[253] 이후 백제는 고구려와 여러 차례 전쟁을 했는데, 서기 376년(근구수왕 2년)에는 다시 고구려의 침입에 반격을 가해 평양까지 진격하기도 했다.

이렇게 웅비하던 시기인 서기 384년(침류왕 원년)에 백제는 동진에서 호승(胡僧) 마라난타(摩羅難陀)를 통해 불교를 받아들여 귀족사회의 이론적 배경으로 삼았다.

252　『삼국사기』 권24 「백제본기」 〈비류왕〉 9년조.
253　『삼국사기』 권24 「백제본기」 〈근초고왕〉 24·26년조.

제7장
신라 초기의 세력 확장

신라 초기의 정치

　신라는 한의 거수국 가운데 하나인 사로국이 발전해 독립한 국가였다. 사로국은 한의 진한 지역에 있었던 열두 개의 거수국 가운데 하나였는데, 지금의 경상북도 경주에 위치해 있었다. 신라의 국명은 시라, 사라(斯羅), 서나(徐那), 서라벌(徐羅伐), 계림(鷄林) 등으로 불리다가 서기 503년에 신라로 확정되었다.

　『삼국사기』에 의하면, 신라는 서기전 57년에 박혁거세거서간(朴赫居世居西干)에 의해 건국되었다. 경주 지역에는 고조선이 붕괴된 후 진한의 6부가 있었는데, 이들이 주축이 되어 양산부[陽山部, 급량부(及梁部)] 출신인 박혁거세를 추대해 나라를 세웠던 것이다. 6부의 중심이었던 여섯 마을의 주민들은 그들의 조상이 하늘에서 내려왔다고 믿고 있었으며, 박혁거세도 하늘에서 내려온 알에서 태어났다고 믿었다.[254] 이것은 신라를 건국한 세력이 하느님을 숭배했음을 보여주는 것인데, 바로 고조선 이래의 한민족의 사상을 계승한 것이다.

신라는 초기에 6부를 대표하는 여섯 마을 주민들이 모여 나랏일을 의논했는데, 이것이 발전해 후에는 귀족회의, 군신합동회의 성격을 띤 화백제도(和白制度)가 되었다. 신라는 17대 내물이사금(奈勿尼師今, 재위: 서기 356~402) 때까지는 가장 세력이 강한 씨족인 박(朴), 석(昔), 김(金), 세 성이 왕위를 교대로 맡았다. 서기 32년[유리이사금(儒理尼師今) 9년]에는 박혁거세거서간을 추대했던 여섯 마을의 명칭을 6부의 지방 행정구역으로 개편하고 성을 하사했으며, 중앙의 관제를 17등급으로 정돈했다.

변경된 6부의 명칭과 그 성을 보면, 양산부를 급량부로 성은 이(李)로, 고허부(高墟部)를 사량부(沙梁部)로 성은 최(崔)로, 대수부(大樹部)를 점량부(漸梁部)로 성은 손(孫)으로, 우진부(于珍部)를 본피부(本彼部)로 성은 정(鄭)으로, 가리부(加利部)를 한저부(漢祇部)로 성은 배(裵)로, 명활부(明活部)를 습비부(習比部)로 성은 설(薛)로 했다. 그리고 17등급의 관직명은 이벌찬(伊伐湌)을 1등급으로 하여 차례로 이척찬(伊尺湌), 잡찬(迊湌), 파진찬(波珍湌), 대아찬(大阿湌), 아찬(阿湌), 길찬(吉湌), 사찬(沙湌), 급벌찬(級伐湌),

---

254 『삼국사기』 권1 「신라본기」 〈시조혁거세거서간〉.

대나마(大奈麻), 나마(奈麻), 대사(大舍), 소사(小舍), 대오(大烏), 소오(小烏), 조위(造位) 등이었다.[255]

신라의 6부는 백제의 5부와 같이 지방 행정구역이었는데, 성을 하사받은 세력이 각 지역의 지배귀족이었다. 6부는 독자적으로 군사를 거느리고 있을 정도로 세력이 강했으며, 국왕에게 직속된 군사와 6부의 군사를 합한 것이 신라의 주요한 군사력이었다. 6부가 독자적으로 군사를 거느린 것은 3세기 초까지 계속되었다.

사로에서 출발한 신라는 주변에 있던 소국들을 병합해 영토를 확장했다. 탈해이사금(脫解尼師今, 재위: 서기 57~80) 때는 우시산국(于尸山國: 지금의 영해)과 거칠산국(居柒山國: 지금의 동래)을 병합했고, 파사이사금(婆娑尼師今, 재위: 서기 80~112) 때는 음즙벌국(音汁伐國: 지금의 안강)과 비지국(比只國: 지금의 창녕), 다벌국(多伐國: 지금의 대구), 초팔국(草八國: 지금의 초계), 굴아화촌(屈阿火村: 지금의 울산) 등을 병합했으며, 이 시기에 실직국(悉直國: 지금의 삼척)과 압독국(押督國: 지금의 경산)이 투항해 왔다. 이렇게 해서 신라는 2세기 중엽에 낙동강 동쪽 지역을 거의 다 차지하게 되었다.

신라에 병합된 소국들은 거수국이 되기도 하고 지방의 행정구역이 되기도 했다. 이서국(伊西國), 실직국, 압독국 등은 신라에 일정한 의무를 진 거수국이 되었는데, 이러한 거수국들은 대부분 3세기까지 지방 행정구역인 군(郡)과 현(縣)으로 편입되었다. 지방

---

255 『삼국사기』 권1 「신라본기」 〈유리이사금〉 9년조.

행정구역은 주(州), 군, 현, 읍(邑), 향(鄕) 등으로 되어 있었다. 신라는 3세기 중엽부터 중앙의 관제가 한층 체계화되었으며, 4세기 중엽에 이르러 더욱 강화되었다. 서기 231년[조분이사금(助賁尼師 今) 2년]에는 대장군제가 제정되었다.[256] 서기 249년[첨해이사금(沾 解尼師今) 3년]에는 큰 규모의 정사당(政事堂)인 남당(南堂)을 신축했으며, 2년 뒤에는 물장고(物藏庫)라는 재정을 관리하는 기구가 설치되었다.[257]

이상과 같이 영토를 확장하고 중앙과 지방의 행정조직을 체계화하고 강화한 신라는 4세기 중엽 내물이사금 때에 이르러 왕권을 강화했다. 이전까지는 박, 석, 김, 세 성이 왕위를 교대로 맡았으나 내물이사금 때부터는 그러한 제도가 없어지고 김씨가 왕위를 독점했다. 이는 신라에 중앙집권적 전제왕권이 확립되고 있음을 보여준다.

그러나 그로부터 2대 후인 눌지마립간(訥祇痲立干, 재위: 서기 417~458)은 고구려 군대의 도움으로 왕위에 오를 수 있었을 뿐만 아니라 당시에 신라는 고구려의 보호를 받는 처지였기 때문에 이전까지 사용하던 계승자라는 뜻인 이사금을 사용하지 못하고 지방의 주인을 뜻하는 마립간이라는 칭호를 사용하게 되었다.[258] 이것은 고구려가 신라 왕을 지방 세력의 우두머리를 뜻하는 주(主)

---

256 『삼국사기』 권2 「신라본기」 〈조분이사금〉 2년조.
257 『삼국사기』 권2 「신라본기」 〈첨해이사금〉 3년조.
258 『삼국사기』 권3 「신라본기」 〈눌지마립간〉 즉위전기.

와 대등한 신분으로 격하한 것이었다.

마립간이라는 칭호는 4대 86년간 계속되다가 서기 503년[지증마립간(智證麻立干) 4년]에 왕이라는 칭호를 사용하게 되면서 사라졌다. 지증마립간은 지증왕이 되었다.[259] 신라는 서기 502년(지증마립간 3년)에 왕의 장례에 순장하는 것을 금지했고, 농사를 적극 장려했으며, 우경을 널리 보급했고, 수리사업을 활발히 진행했다. 다음 해에는 국호를 신라로 정하고, 서기 504년(지증왕 5년)에는 상복법(喪服法)을 제정·반포해 예제를 정돈했으며, 파리(波里), 미실(彌實), 진덕(珍德), 골화(骨火) 등 12성을 쌓아 국방을 튼튼히 했다. 서기 505년에는 주, 군, 현으로 지방 행정제도를 정하고, 서기 509년에는 동시(東市)라는 시장을 설치했으며, 서기 512년에는 우산국(于山國: 지금의 울릉도)을 병합했다.[260]

그 결과, 지증왕 때 신라는 사회와 경제가 급속하게 성장하고 각종 제도가 정비되는 등 주체적으로 발전할 기틀을 마련했다. 이러한 기틀 위에서 다음 법흥왕(法興王, 재위: 서기 514~540) 때는 율령의 반포, 백관공복(百官公服)의 차례 제정, 재상 격인 상대등(上大等)제도의 설치, 건원(建元)이라는 연호의 사용 등으로 전제 왕권 확립의 기반을 더욱 확고히 했다.

---

259 『삼국사기』 권4 「신라본기」 〈지증마립간〉 4년조.
260 『삼국사기』 권4 「신라본기」 〈지증마립간〉 해당년조 참조.

신라의 성장

신라가 영토를 확장하기 시작해 낙동강 동쪽 지역을 차지한 것은 2세기 중엽이므로 영토 확장이나 국력 신장이 고구려나 백제에 비해 2세기 이상 뒤져 있었다. 그뿐만 아니라 왕위도 4세기 중엽까지는 박, 석, 김, 세 성이 교대로 맡음으로써 왕권이 강하지 못했고, 신라의 건국 공로 씨족인 6부의 지배귀족도 3세기 초까지는 막강한 세력을 가지고 있었다. 따라서 통치권도 고구려나 백제에 비해 매우 약했다. 그리고 고구려와 백제 초기 유적에서는 강철로 만든 다양한 생산 공구들이 출토되는데 신라 초기 유적에서는 강철 제품이 출토되지 않은 것으로 보아 생산력도 고구려나 백제에 비해 낙후되어 있었던 것으로 보인다.

그러했기 때문에 신라는 주변의 최씨낙랑국, 가야, 백제, 왜, 말갈, 고구려 등의 국가들로부터 잦은 침략을 받아야 했다. 가장 먼저 신라를 괴롭힌 것은 신라의 서북부에 있었던 최씨낙랑국이었다. 최씨낙랑국은 신라가 건국된 지 오래지 않은 서기전 28년(박혁거세거서간 30년)부터 신라를 침략하기 시작해 서기 4년[남해차차웅(南解次次雄) 원년]에는 금성(金城)을 포위했으며, 서기 36년(유리이사금 13년)에는 신라의 북변에 있었던 타산성(朶山城)을 쳐서 빼앗기도 했다.[261] 그런데 다음 해에 최씨낙랑국이 고구려에 의해

---

261 『삼국사기』「신라본기」 해당년조 참조.

일차 멸망되면서 신라는 더 이상 최씨낙랑국의 침략을 받지 않게 되었다.

그러나 이제 남쪽의 가야와 서쪽의 백제 및 바다 건너 왜로부터 침략을 받았다. 주변의 정국과 사회 변화의 영향을 받아 서기 42년에 변한 지역에서 김수로왕이 건국한 가락국(駕洛國)을 중심으로 하여 경상북도 성주, 고령과 경상남도 함안, 김해, 진주, 고성 등지에 여섯 가야가 출현해 신라를 공격했다.

서기 94년(파사이사금 15년)에 가야가 신라의 마두성(馬頭城)을 포위했고, 2년 후에는 신라의 남변을 침략했다. 이에 분노한 신라는 그다음 해인 서기 97년(파사이사금 18년)에 가야를 쳤다.[262] 그 후 서기 115년[지마이사금(祇摩尼師今) 4년]에 다시 가야가 신라의 남변을 침략하자 왕은 친히 가야를 치기 위해 출병했다가 대패했고, 다음 해에도 신라는 가야를 치기 위해 군사를 일으켰으나 가야가 성을 완강하게 지켜 그대로 돌아오고 말았다.[263] 이와 같이 초기의 신라와 가야는 서로 적대 관계에 있었는데, 항상 신라가 불리했다.

서기 63년(탈해이사금 7년) 백제의 다루왕이 낭자곡(娘子谷: 지금의 청주)까지를 차지하고 신라에게 경계를 정할 것을 요청했으나 신라가 이에 응하지 않자 백제는 다음 해에 와산성(蛙山城: 지금의

---

262 『삼국사기』 권1 「신라본기」 〈파사이사금〉 15·18·27년조.
263 『삼국사기』 권1 「신라본기」 〈지마이사금〉 4·5년조.

보은)과 구양성(狗壤城: 지금의 옥천)을 침략했다.[264] 그 후 20여 년에 걸쳐 신라와 백제는 잦은 전쟁을 했는데, 신라는 백제로부터 네 차례의 큰 공격을 받아 심한 피해를 입었다. 그러나 서기 105년에 백제의 기루왕이 사신을 보내 화친을 맺음으로써 신라와 백제의 전쟁은 일단 중지되었다.[265]

백제와의 전쟁은 일시 중지되었지만, 신라는 편안하지 못했다. 서기 125년(지마이사금 14년)부터는 여러 차례에 걸쳐 말갈로부터 북변을 침략당했고, 서기 155년[아달라이사금(阿達羅尼師今) 2년]에는 아찬 길선이 모반했다가 백제로 도망한 것이 화근이 되어 신라와 백제의 관계가 다시 악화되었다.

신라는 왜로부터도 잦은 침략을 받았다. 왜는 한반도 남부의 주민들이 이주해 왜열도에 세운 소국들과 도서 지방의 정치 집단들에 대한 총칭으로, 주로 백제와 가야 계통이었다. 그들은 독자적으로 신라를 침략하기도 했고, 백제나 가야와 연합 전선을 펴기도 했다. 그들의 신라 침략은 모국인 백제와 가야를 돕기 위한 것이었다.

왜가 처음으로 신라를 침략한 것은 서기 14년(남해차차웅 11년)이었는데,[266] 서기 498년[소지마립간(炤智麻立干) 20년]까지 무려

---

264 『삼국사기』 권1 「신라본기」 〈탈해이사금〉 7·8년조.
265 『삼국사기』 권23 「백제본기」 〈기루왕〉 29년조; 『삼국사기』 권1 「신라본기」 〈파사이사금〉 26년조.
266 『삼국사기』 권1 「신라본기」 〈남해차차웅〉 11년조.

20회에 걸쳐 신라를 침략한 것으로 기록되어 있다. 이러한 상황에서 신라는 고구려와 화친을 맺을 수밖에 없었다. 서기 392년(내물이사금 37년)에는 왕의 사위인 실성(實聖)을 고구려에 볼모로 보냈으며, 서기 399년(내물이사금 44년)에는 왜의 침략을 받자 고구려에 원병을 요청했다. 이듬해에 고구려는 군사 5만 명을 보내 왜군을 격퇴하고 신라를 구했다.[267]

그 후 신라는 완전히 고구려의 보호를 받는 처지가 되었다. 서기 412년[실성이사금(實聖尼師今) 11년]에는 내물이사금의 아들 복호(卜好)를 고구려에 볼모로 보냈으며, 서기 417년에 눌지(訥祗)는 고구려 군사들의 도움으로 왕위에 올라 왕호마저도 지방 세력의 우두머리를 뜻하는 마립간으로 격하되기에 이르렀다. 신라는 서기 392년부터 60여 년간 고구려의 영향력 아래에 있었다.

그러나 서기 450년(눌지마립간 34년)을 기점으로 하여 신라와 고구려의 관계에는 변화가 일어났다. 그해에 고구려의 변방 장수를 신라가 습격 · 살해했고,[268] 이로써 신라와 고구려의 관계는 악화되었다. 이후 신라는 백제와 화친을 맺고 고구려의 남진을 막기 위해 서로 연합하는 관계가 되었다.

신라는 서기 475년[자비마립간(慈悲麻立干) 18년]에는 고구려 장수왕(재위: 서기 413~491)의 남진으로 어려움을 겪기도 했으나, 지

---

267 〈광개토대왕비문〉.
268 『삼국사기』 권3 「신라본기」 〈눌지마립간〉 34년조.

증왕(재위: 서기 500~514) 때에 이르러 왕호를 고치고 각종 제도를 정비하는 등 자주적으로 발전할 수 있는 기틀을 마련했다. 서기 527년(법흥왕 14년)에는 앞서 눌지마립간 때 들어온 불교를 공인하고 포교함으로써 왕권 강화의 사상적 배경으로 삼았다.

제8장
가야의 정치와 흥망

가야의 정치

가야는 낙동강 중하류 유역에서 서기 42년에 건국되었다. 가야에는 여섯 가야가 있었는데, 전설에 의하면 여섯 가야의 시조는 하늘에서 내려온 붉은색 보로 싼 금합 속에 들어 있던 알에서 태어났다고 한다. 이것은 여섯 가야가 하느님을 숭배했던 고조선의 사상을 계승하고 있었음을 말해준다.

원래 낙동강 중하류 유역은 한의 지배를 받던 변한 지역이었는데, 그곳에는 한의 열두 거수국이 있었다. 그런데 백제의 성장으로 한의 세력이 위축되어 통치 능력을 잃게 되자 변한 지역의 거수국들이 구야국(狗耶國)을 중심으로 하여 독립했던 것이다. 구야국은 지금의 김해 지방에 위치해 김수로를 시조로 받들었는데, 이

것이 본가야(本加耶), 즉 금관가야(金官加耶)로 발전했고, 그 밑에 아라가야(阿羅加耶), 고령가야(古寧加耶), 대가야(大加耶), 성산가야(星山加耶), 소가야(小加耶) 등 다섯 가야가 있었다.

금관가야와 다섯 가야를 합해 '여섯 가야' 또는 '6가야'라 부른다. 여섯 가야는 한의 거수국이 독립한 것이므로 그 규모는 컸지만, 성격은 신라의 6부나 고구려와 백제의 5부와 비슷했다. 그러나 가야는 중앙집권제가 확립되기 전에 신라에 병합되었기 때문에 여섯 가야는 신라의 6부나 고구려와 백제의 5부처럼 완전히 지방 행정구역으로 변모되지 못했다.

가야의 영역은 대체로 동쪽은 낙동강, 서남쪽은 바다, 서북쪽은 지리산, 동북쪽은 가야산에 이르렀으며,[269] 여섯 가야의 위치를 보면 금관가야는 김해, 아라가야는 함안, 고령가야는 진주, 대가야는 고령, 성산가야는 성주, 소가야는 고성 지역이었다.

금관가야가 건국된 후 490년 만인 서기 532년에 신라에 병합됨에 따라 가야의 중심은 대가야로 옮겨 가게 되었다.[270] 가야는 520년 동안 존속하다가 서기 562년에 신라에 병합되었다.[271]

금관가야에는 왕 아래에 아도간(我刀干), 여도간(汝刀干), 오도간(五刀干), 피도간(彼刀干), 유수간(留水干), 유천간(留天干), 신천간(神天干), 오천간(五天干), 신귀간(神鬼干) 등의 9간(干)이 있어서

---

269 『삼국유사』 권2 「가락국기」.
270 『삼국사기』 권4 「신라본기」 〈법흥왕〉 19년조.
271 『삼국사기』 권4 「신라본기」 〈진흥왕〉 23년조.

중요한 정책은 9간회의에서 결정되었다.[272] 건국 초에는 국왕 추대도 9간회의에서 결정했으나, 왕위세습제가 확립된 후에는 9간은 왕의 명령을 집행하는 행정기구 역할만을 했다.

가야는 중앙에 천부경(泉府卿), 사농경(司農卿), 종정감(宗正監) 등의 관직이 있었는데, 천부경과 사농경은 뒤 시대의 호조(戶曹), 호부(戶部)에 해당하는 것으로 호구와 재정을 관장했던 관청 장관들의 관직명이었으며, 종정감은 왕실과 왕족에 대한 업무를 맡아보는 관청 장관의 관직명이었다. 또 가야에는 각간(角干), 아질간(阿叱干), 급간(級干), 대아간(大阿干), 사간(沙干) 등의 관직이 있었고, 농토에 대한 업무를 관장하는 양전사(量田使)도 있었다.[273]

가야가 자리했던 낙동강 중하류 유역은 토지가 비옥할 뿐만 아니라 철이 많이 생산되어 일찍부터 그것을 동예와 왜에 수출할 정도였으므로[274] 철기를 사용해 농업이 매우 발달해 있었다. 가야 유적들에서 철제 도끼, 자귀, 못, 꺾쇠 등의 생산용구와 함께 수확용 도구인 낫, 소를 이용해 사용했던 보습 등이 출토되는 것은 이러한 사실을 뒷받침한다. 또 가야의 고분들에서는 금동으로 만든 보관(寶冠)과 마뇌·수정·유리·옥 등으로 만든 여러 장신구들도 출토되었는데, 이것은 가야가 수공업도 매우 높은 수준에 도달해 있었음을 보여준다.

---

272 『삼국유사』 권2 「가락국기」.
273 위와 같음.
274 『후한서』 권85 「동이열전」; 『삼국지』 권30 「오환선비동이전」 〈한전〉.

가야의 대외 관계

가야는 초기부터 신라와 국경을 접하고 있었던 반면, 백제와는 3세기 말까지는 국경을 접하지 않았다. 3세기 말까지는 한의 잔재 세력이 전라도 지역을 차지하고 있었기 때문에 백제는 가야와 접경할 수 없었던 것이다. 따라서 가야와 신라는 처음부터 영토 문제로 관계가 좋지 않았던 반면, 백제와는 관계가 원만했다.

가야와 신라의 전쟁은 가야가 건국한 지 오래지 않은 서기 77년(신라 탈해이사금 21년)부터 시작되었다.[275] 가야는 계속해서 신라의 압박을 받고 있었으므로, 백제가 3세기 말에 이르러 한의 잔재 세력을 완전히 병합해 가야와 백제가 국경을 접하게 된 이후에도 가야와 백제의 관계는 비교적 원만했다.

그러나 고구려의 세력이 팽창해 남진하자 가야와 신라도 연합할 수밖에 없었다. 특히 서기 481년 장수왕이 남침하자 가야, 백제, 신라는 연합군을 편성해 이에 대항했다.[276] 그렇지만 이러한 관계는 상황이 변하면 깨지는 것으로, 서기 532년에 신라는 금관가야를 병합했다. 그 후 대가야를 중심으로 남아 있던 다섯 가야 세력들은 백제의 도움을 받으며 신라에 대항하다가 서기 562년에 멸망했다. 신라에 투항한 금관가야의 왕족은 신라로부터 귀족 대

---

275 『삼국사기』 권1 「신라본기」 〈탈해이사금〉 21년조.
276 『삼국사기』 권3 「신라본기」 〈소지마립간〉 3년조.

우를 받았는데, 김유신(金庾信)은 바로 금관가야의 마지막 왕인 구형왕(仇衡王)의 손자였다.

가야는 왜열도에 많은 문화적 영향을 주었다. 가야가 건국되기 전부터 한에서 왜열도로 이주한 사람들이 많았는데, 한의 뒤를 이어 백제와 가야가 성립된 후에는 이주민이 한층 많아졌다. 그들은 왜열도에 소국을 세우고 본국인 백제, 가야와 문화 교류를 가졌다.

일본 왕실의 천강신화가 가야의 건국신화와 내용이 비슷한 점, 규슈 지방의 고분 위치나 내부 구조가 가야의 것과 동일한 점, 규슈 지방에서 가야나 신라의 것과 양식이 같은 철기, 질그릇 등의 유물이 출토되는 점 등은 가야 문화가 규슈 지방에 큰 영향을 끼쳤음을 보여준다.

제9장
열국시대의 정국 변화

중앙집권제와 신분제의 강화

열국시대의 정치 변화에서 먼저 언급되어야 할 것은 통치 체제
의 변화와 이에 따른 신분등급제의 강화일 것이다. 열국 가운데는
고조선시대부터 시행되어온 지방분권적 통치 방식을 계승한 나라
가 있었는가 하면, 새로운 중앙집권적 통치 방식으로 개편한 나라
가 있었고, 이 두 제도를 혼합해 사용한 나라도 있었다.

읍루, 동옥저, 동예, 최씨낙랑국 등에 대해서는 자세한 기록이
남아 있지 않으므로 그 통치 조직을 알 수 없으나, 남부에 있었던
한(삼한)과 가야는 멸망할 때까지 지방분권적 통치 방식을 유지한
나라였고, 동부여, 백제, 신라 등은 초기부터 중앙집권적 통치 방
식으로 개편한 나라였으며, 고구려는 두 가지 요소를 혼합해 사용

했던 나라였다.

『후한서』「동이열전」과 『삼국지』「오환선비동이전」의 〈한전〉에 의하면, 한에는 78개의 나라가 있었는데, 이 나라들은 모두 한의 진왕이 다스렸다. 고조선의 거수국과 같은 존재였던 것이다. 한은 그 내부에서 신라, 백제, 가야가 독립해 성장함에 따라 영토가 줄어들고 거수국도 12개로 줄어들었으나,[277] 통치 조직의 성격을 개혁한 흔적은 보이지 않는다.

『삼국유사』「가락국기(駕洛國記)」에 의하면, 가야는 여섯 가야로 구성되어 있었는데, 그 가운데 오직 금관가야의 통치자만이 왕(王)이라 불렸고, 나머지 다섯 가야의 통치자는 주(主)라고 불렸다. 이것은 금관가야와 다섯 가야 사이의 차등을 보여주는 것으로, 여섯 가야가 모두 가야라는 동일한 국명을 사용하면서도 통치자의 칭호에 차등을 둔 것은 다섯 가야가 금관가야의 거수국이었음을 의미한다. 가야의 중심이 김해의 금관가야에서 고령의 대가야로 이동하는 변화는 있었으나 통치제도에는 변화가 없었다.[278] 가야는 한의 내부에서 독립한 나라로 한보다 늦게 서기 562년에 멸망했다. 그러므로 고조선의 거수국제 통치제도는 한반도 동남부

---

277 『후한서』 권85 「동이열전」 〈한전〉에서는 한에는 78개의 국이 있었는데 이 나라들이 모두 진왕의 통치를 받았다고 말하고 있으나, 『삼국지』 권30 「오환선비동이전」 〈한전〉에서는 한에는 78개의 국이 있었으며 그 가운데 12개의 나라만이 진왕의 통치를 받는다고 했다. 이는 진왕의 통치 영역이 줄어들었음을 보여준다.

278 윤내현, 「가야의 건국과 체제」, 『한국 열국사 연구』, pp. 242~270.

에서 이 시기까지 존속되었던 것이다.

한이나 가야와는 달리 동부여, 백제, 신라는 건국 초부터 중앙집권적 통치제도를 채택했다. 동부여는 다섯 개의 큰 행정구역으로 나뉘어 있었는데, 중앙에는 왕이 직접 지배하는 지역이 있었고, 사방 네 곳에는 사출도(四出道)라 불리는 지역이 있어서 가(加)가 다스렸다.[279] 〈광개토대왕비문〉에 의하면, 동부여의 사출도 아래에는 성이 있어서 압로가 다스렸고, 성 아래에는 일반 마을이 있었는데 그곳에는 촌장이 있었다.[280] 동부여는 초기부터 이러한 중앙집권적 통치 조직을 가지고 있었으며, 장자 상속의 왕위세습제도 확립되어 있었다.[281]

백제도 초기부터 중앙집권제를 실시했다. 온조왕은 큰아들 다루를 태자로 삼음으로써 장자 상속의 원칙을 세웠고,[282] 온조왕 13년에 전국을 남부와 북부로 나누었다가 15년에 다시 동부와 서부를 설치함으로써 전국을 동부, 서부, 남부, 북부 등 네 개의 행정구역으로 나누었는데,[283] 이는 백제가 중앙집권적 통치제도를 시행했

---

279 『삼국지』 권30 「오환선비동이전」 〈부여전〉.
280 〈광개토대왕비문〉 영락 20년조에 따르면, 고구려 광개토대왕은 동부여를 쳐서 64개의 성과 1,400개의 마을을 차지했는데, 각 성에는 압로가 있었다. 그러므로 하나의 성 밑에 20개 정도의 마을이 있었음을 알 수 있다. 이 지역을 압로가 다스렸을 것인데, 압로는 가의 지시를 받았을 것이고, 각 마을에는 촌장이 있었을 것이다.
281 윤내현, 「동부여의 패권 쇠퇴」, 『한국 열국사 연구』.
282 『삼국사기』 권23 「백제본기」 〈시조온조왕〉 28년조.
283 『삼국사기』 권23 「백제본기」 〈시조온조왕〉 31·33년조.

음을 의미한다. 비록 백제의 관직명에서 지방분권제에서 사용하던 명칭이 보이기는 하지만, 그것은 예우에 그쳤던 것으로 보인다.[284]

신라는 진한의 6부 대표들이 혁거세를 거서간(居西干)으로 세움으로써 건국되었는데, 진한의 6부는 행정구역이 되었다.[285] 지방 행정조직은 주, 군, 현, 읍, 향으로 되어 있었는데, 이는 신라가 초기부터 중앙집권제를 실시했음을 보여준다. 서기 503년 통치자의 칭호를 마립간에서 왕으로 고친 뒤에는 행정제도와 군사제도를 정돈해 지방 조직은 주, 군, 현으로 하고 군주(軍主)와 병부(兵部)를 설치했으며 상대등제도를 실시해 국사를 총괄하도록 했는데,[286] 이것은 중앙집권제의 강화를 의미하는 것이다.

고구려는 지방분권제와 중앙집권제가 복합되어 있는 통치 조직을 취했다. 건국조 추모왕은 비류국을 통합해 그곳을 다물도라 칭하고 비류국의 송양왕을 주(主)로 삼고 '후'라고 불렀다.[287] 이와는 달리 고구려는 행인국과 북옥저 등을 멸망시켜 이들을 행정구역인 성읍으로 삼았다.[288] 이것은 고구려의 통치 조직에 지방분권제

---

284 백제가 일정한 지역을 위임 통치했다는 기록은 찾아볼 수 없다. 『남사(南史)』 권 79 「동이열전」 〈백제전〉에서는 백제에 22첨로(檐盧)가 있었는데 왕의 자제와 종족에게 나누어 맡겼다고 하면서, 이는 중국의 군현과 같은 말이라고 했다. 군현은 중앙집권제의 지방 행정구역을 말한다.

285 『삼국사기』 권1 「신라본기」 〈시조혁거세거서간〉 17년조에는 왕이 왕비와 함께 여섯 부를 순무(巡撫)한 기록이 보인다.

286 『삼국사기』 권4 「신라본기」 〈지증마립간〉 4·6년조, 〈법흥왕〉 4·18년조.

287 『삼국사기』 권13 「고구려본기」 〈시조동명성왕〉 2년조, 〈유리명왕〉 2년조.

288 『삼국사기』 권13 「고구려본기」 〈시조동명성왕〉 6·10년조.

와 중앙집권제가 복합되어 있었음을 보여준다.

고구려의 대가들은 자신의 통치 지역에 중앙의 관직명과 같은 명칭의 관직을 두었는데, 이들은 중국의 경이나 대부의 가신과 같은 것이었으며,[289] 왕자들 가운데는 군(君)으로 봉해지고 마을을 하사받은 기록도 보인다.[290] 이러한 사실들도 고구려에 고조선의 거수국제와 같은 지방분권제의 전통이 부분적으로 계승되고 있었음을 보여준다.

그런데 서기 2세기에 이르러 국상제도를 신설하고 국상에 복종하지 않는 자가 있으면 일족을 멸한다는 명을 내릴 정도로 중앙의 권력이 강화되었는데,[291] 이는 강한 왕권을 배경으로 한 것이다.

이상과 같이 열국시대의 통치 조직은 세 가지로 나뉘는데, 고조선의 거수국제 전통을 이어받은 지방분권제와 통치를 강화하기 위해 새로이 등장한 중앙집권제, 그리고 이 두 제도가 복합된 형태 등이 있었다. 지방분권제를 채용하고 있었던 한과 가야는 중앙집권제로 전환하지 못한 상태에서 멸망했고, 고구려는 2세기경에 이르러 중앙집권제와 더불어 왕권이 강화되었다. 따라서 열국시대는 통치 조직이 지방분권제에서 중앙집권제로 전환되는 시기였다고 말할 수 있다. 이러한 변화에 따라 자연히 신분등급제도 강화되었다.

---

289 『삼국지』 권30 「오환선비동이전」 〈고구려전〉.
290 『삼국사기』 권16 「고구려본기」 〈신대왕〉 2년조, 〈서천왕〉 11년조.
291 『삼국사기』 권16 「고구려본기」 〈신대왕〉 2년조, 〈고국천왕〉 13년조.

민족 재통합의 추진

　열국시대는 민족의 정치적 분열과 더불어 시작되었다. 고조선이라는 하나의 국가가 여러 나라로 분열되었던 것이다. 그러나 한민족은 비록 여러 나라로 분열되어 있기는 했지만 같은 민족이라는 의식이 크게 작용해 결국에는 민족의 재통합에 이르게 되었다. 그러므로 열국시대는 한민족이 재통합을 이루어가는 과정이었다고 말할 수 있다.

　고조선 말기에 요서 지역의 주민들이 요동 지역으로 이주하자 요동 지역 주민들이 다른 지역으로 이주하는 연쇄 현상이 일어났다. 그 결과, 한반도와 요동 지역에서는 토착민과 이주민의 주민 혼합이 일어나게 되었고, 이는 민족의식 강화로 이어졌다.

　이전에는 혈연적으로 이루어진 집단이 오랜 기간 같은 지역에 거주하면서 종족을 이루었으므로 고조선이 건국되어 이들이 고조선의 백성으로 하나의 민족을 이루었다고는 해도 각 지역을 단위로 하는 종족의식이 강하게 작용하고 있었다. 그런데 주민 이동과 주민 혼합에 의해 이러한 종족의식이 깨지고 민족의식이 강화되는 현상이 일어났다.

　거기에다 철기 보급에 따라 고조선 후기부터 일어난 토지에 대한 경제관념의 변화, 즉 토지를 많이 소유할수록 경제적으로 이익이 된다는 생각은 국가의 영토의식에까지 작용해 영토는 넓을수록 유리하다는 생각을 갖게 했다. 따라서 열국시대의 여러 나라들은 민족이 하나로 통합되어야 한다는 명분과 영토를 확장해야 한다는 국익이 맞물려 민족 통합, 영토 겸병 전쟁에 나섰다. 그러므로 열국시대는 민족 재통합, 영토 재통일의 과정이라고 말할 수 있는 것이다.

민족 재통합 전쟁은 열국시대 초기부터 시작되었지만, 서기 4세기경까지는 대개 주변의 소국들을 병합해 지역 기반을 다지는 시기였고, 본격적인 민족 통합 전쟁으로 진입한 것은 서기 4세기 후반부터였다고 말할 수 있다. 서기 369년(고구려 고국원왕 39년) 고구려 남진에서 시작되었던 것이다.[292]

여러 나라는 저마다 자신들이 고조선의 뒤를 이은 세력이므로 패자가 되어야 한다는 의식이 있었는데, 첫 번째로 패자를 자처했던 나라는 동부여였다. 서기 59년 여러 나라 가운데 맨 먼저 건국된 동부여는 스스로 열국의 패자를 자처하면서 고구려를 꾸짖기도 하고, 읍루를 신하 나라로 만들기도 했다. 그러나 민족의 재통합에는 적극적이지 못했고, 고구려를 제압하는 정도에 만족하려 했다.[293] 그러한 안일한 자세는 상황을 역전시켜 고구려의 세력에 밀리게 되었고, 결국 왕실과 지배층이 고구려에 투항하는 결과를 낳고 말았다.

고구려는 이와 달랐다. 추모왕은 고구려를 건국한 다음 해인 서

292　『삼국사기』 권18 「고구려본기」 〈고국원왕〉 39년조.
293　윤내현, 앞의 글 「동부여의 패권 쇠퇴」, 『한국 열국사 연구』, pp. 271~296.

기전 36년에 비류국을 병합하고 그곳을 다물도라 이름 지었는데, 다물이란 고구려 말로 '옛 땅을 회복한다'는 뜻이다.[294] 그런데 비류국은 고구려의 옛 땅이 아니라 고조선의 거수국이었다. 그러한 비류국을 다물이라 한 것은 고구려가 고조선을 계승해서 고조선의 옛 땅을 찾겠다는 의미로 해석된다.

〈광개토대왕비문〉에는 "백제와 신라는 옛날에 고구려의 속민이었다"라고 기록되어 있는데,[295] 백제와 신라는 고구려의 속민이 된 적이 없다. 그런데도 이렇게 표현한 것은 자신들이 고조선을 계승했으므로 한민족은 모두 자신들의 속민이어야 한다고 생각했던 듯하다. 고구려의 이러한 생각은 고구려의 건국 시조 추모왕이 단군의 후손이었다는 믿음에서 출발한다.[296]

고구려는 서기 1세기 중엽까지 비류국, 행인국, 북옥저, 선비, 양맥, 개마국, 구다국, 최씨낙랑국 등의 주변 나라를 병합한 뒤 미천왕(재위: 서기 300~330) 때에는 요서 지역에 설치되어 있던 한사군을 축출하고 지금의 난하 유역까지 그들의 영토로 삼음으로써 요서 지역의 고조선 옛 땅을 완전히 수복했다. 이후 고구려는 황하 방향으로의 진출을 멈추고 한반도 남부로 진출 방향을 바꿔 백제와 부딪치게 되었다. 이러한 방향 전환은 고구려가 서쪽으로 진출

---

294 『삼국사기』 권13 「고구려본기」 〈시조동명성왕〉 2년조.
295 〈광개토대왕비문〉 영락 6년조.
296 『삼국유사』 권1 「기이」 〈고구려〉조. 저자 자신의 주석에 의하면 주몽왕(추모왕)은 단군(해모수)의 아들이었다.

했던 것은 영토 확장에 목적을 두었던 것이 아니라 고조선의 고토수복을 목적으로 하고 있었음을 말해준다.[297]

백제는 자신들이 하느님을 대신해서 천하를 다스려야 한다고 생각했고, 일찍이 온조왕은 하느님과 지신에게 제사를 지내고 영토를 확장하기 시작했다.[298] 서기 3세기 말에는 한을 멸망시켜 그 영토가 전라남도 해안에 이르렀으나, 고구려, 백제, 신라와는 가능하면 부딪치는 것을 피하고 바다 건너 중국 지역으로의 진출에 더 힘을 쏟아 중국의 동부 해안 지역을 차지하고 수나라가 중국을 통일하기 직전까지 이 지역을 지배했다.[299]

신라는 초기부터 민생 안정과 고유 문물의 보존에 힘쓰면서 국가의 기틀을 닦는 데 주력했다. 고구려나 백제보다 먼저 귀족신분제와 관등 체제를 정돈하고 국민의 결합을 공고히 했다.[300] 이러한 기반 위에서 서기 3세기 중엽까지 이서국, 우시산국, 거칠산국, 음즙벌국, 실직곡국(悉直谷國), 압독국, 비지국, 다벌국, 초팔국, 소문국(召文國), 감문국(甘文國), 골벌국(骨伐國) 등 주변의 소국들을 병합하고, 안으로는 정치적 성장과 사회 안정을 추구하면서 밖으로는 고구려, 백제와 우호적인 관계를 유지하려고 노력했다.[301]

---

297 윤내현, 「고구려의 다물 이념」, 『한국 열국사 연구』, pp. 297~326.
298 『삼국사기』 권23 「백제본기」 〈시조온조왕〉 20년조.
299 윤내현, 「백제의 중국 동부 지배」, 『한국 열국사 연구』, pp. 381~418.
300 윤내현, 「신라의 정체성 확보」, 『한국 열국사 연구』, pp. 419~452.
301 『삼국사기』 권3 「신라본기」 〈내물이사금〉 13·26년조.

제3부 열국시대 ● 225

가야는 대량의 철 생산으로 사회가 크게 발전한 기반 위에서 건국되었다. 초기에는 신라의 남부와 마두성을 습격하는 등 국력이 신라보다 약하지 않았다.[302] 그러나 서기 3세기에 이르면 신라에 왕자를 볼모로 보낼 정도로 국력이 약화되었다.[303] 가야의 국력 약화는 통치 조직의 성격과 관계가 있었을 것이다. 가야는 지방분권적인 거수국제의 통치 조직을 시행하고 있었는데, 이것은 고조선의 제도를 계승한 것으로, 신라나 백제에서 시행하던 중앙집권제에 비해 비능률적일 뿐만 아니라 역사 발전 과정에서 볼 때 낙후된 제도라고 말할 수 있다.

이러한 상황에서 서기 369년(고국원왕 39년) 고구려가 백제를 침공한 사건은 백제는 물론 신라와 가야에도 영향을 주었고, 한반도의 정국을 크게 변화시켰다. 그 뒤 고구려 광개토대왕의 강력한 남진 정책으로 백제는 고구려의 노객(奴客)이 되겠다는 맹세를 하기에 이르렀고,[304] 신라는 고구려의 신하 나라가 되었다.[305] 서기 400년 광개토대왕은 신라에 침입한 왜군을 토벌하면서 금관가야의 종발성(從拔城)을 함락했는데,[306] 이로 인해 가야의 중심은 김해 지역의 금관가야에서 고령군 지역의 대가야로 옮겨 갔다. 서기

---

302 『삼국사기』 권1 「신라본기」 〈파사이사금〉 12·17년조.

303 『삼국사기』 권2 「신라본기」 〈내해이사금(奈解尼師今)〉 17년조.

304 〈광개토대왕비문〉 영락 6년조.

305 『삼국사기』 권3 「신라본기」 〈내물마립간〉 37년조, 〈실성마립간〉 11년조: 〈광개토대왕비문〉 영락 10년조.

306 〈광개토대왕비문〉 영락 10년조.

427년(장수왕 15년) 고구려가 지금의 평양으로 도읍을 옮기고[307] 본격적으로 남진 정책을 펴자 백제와 신라, 가야는 동맹을 맺고 고구려에 대항했다.

이러한 정치 상황의 변화 속에서 신라는 지증마립간시대에 이르러 사회가 안정되고 왕권이 강화되었으며 국력이 크게 신장되었다. 법흥왕 이후 신라는 백제, 가야와 동맹 관계를 더욱 공고히 하면서 중국 남조와도 외교 관계를 돈독히 했다. 이러한 신라의 외교는 중국을 통일한 수나라와 당나라에도 그대로 이어졌다. 신라의 대중국 외교는 고구려를 협공하는 방향으로 이용되어 결국 신라는 당나라 군사를 끌어들여 백제와 고구려를 공격함으로써 한반도의 영토 겸병 전쟁에서 최후의 승자가 되었다.

---

[307] 『삼국사기』 권18 「고구려본기」 〈장수왕〉 15년조.

제10장
열국시대의 경제와 사회

열국시대의 경제 발전

열국시대의 경제적 기초는 농업이었지만, 이와 더불어 목축업, 수공업, 상업 등도 발달했다. 열국시대는 주민의 대이동과 더불어 시작되었다. 각 지역 주민의 대이동은 민족의 융합은 물론 각 지역의 생산 기술과 문화의 융합을 가져와 민족의식이 한층 강해지고 생산 기술도 크게 발전했다. 이러한 추세에 따라 여러 종류의 곡물이 한반도 남부로부터 만주 지역에 이르기까지 각 지역에서 널리 재배되었다. 고조선시대에 재배되었던 벼, 보리, 조, 기장, 콩, 팥, 옥수수, 수수, 기장수수, 피 등의 다양한 곡물이 재배되었던 것이다.

『후한서』와 『삼국지』의 「동이전」에 부여, 읍루, 동옥저, 한 등지에서 오곡이 잘 자란다고 기록되어 있는 것이라든가, 『삼국사기』에 서기 1~2세기에 백제와 신라 지역을 휩쓴 자연 재해로 보리, 콩, 조 등이 피해를 입었다고 기록되어 있는 것은 이러한 사실을 보여주며, 이는 출토 유물을 통해서도 확인된다. 열국시대에는 농작물의 품종 개량에도 힘을 기울였다.[308]

철기의 보급은 농경의 발달을 한층 촉진했다. 고조선 말기에 이미 철기가 널리 보급되어 있었는데, 열국시대에는 그것이 더욱 보편화되었다. 철제 농구가 보급되면서 경작 면적이 확대되었고, 곡물을 깊이 심을 수 있게 되면서 생산도 늘어났다. 그뿐만 아니라 철제 공구는 관개사업을 가능하게 하여 농경지를 더욱 확대하고 비옥하게 만들었으며, 가뭄으로 인한 피해를 막을 수 있게 했다.

당시의 지명에 저수지를 뜻하는 모탁(牟涿), 미동(彌凍), 미동(未冬), 토(吐) 등이 붙은 것이 많고, 실제 유적으로 김제의 벽골지(碧骨池), 상주의 공검지(恭檢池), 단양의 대제지(大堤池), 제천의 의림지(義林池) 등이 있다. 신라에서는 서기 144년에, 백제에서는 서기 222년에 전국의 저수지와 하천의 제방을 쌓는 사업을 벌였으며,[309] 이 사업은 그 후 계속되었다. 열국시대에 관개사업이 널리

---

308 『삼국사기』 「신라본기」 〈벌휴이사금〉 3년조, 〈조분이사금〉 13년조, 〈유리이사금〉 11년조에 남신현, 고타군, 다사군 등지에서 가화(嘉禾)를 발견했다고 기록되어 있는 것은 당시에 새로운 벼 품종을 얻기 위해 노력했음을 보여준다.

309 『삼국사기』 권1 「신라본기」 〈일성이사금〉 11년조; 『삼국사기』 권24 「백제본기」 〈구수왕〉 9년조.

진행되었음을 알 수 있다.

열국시대에는 목축도 매우 발달했다. 부여의 건국 전설에는 말, 소, 돼지, 닭 등이 등장하며, 관직명도 말, 소, 돼지, 개 등의 짐승 이름과 관계된 것이 많다. 『후한서』와 『삼국지』의 「동이전」에는 부여 사람들은 가축을 잘 기르며 명마를 생산했고, 읍루 사람들은 돼지 기르기를 좋아하며 그 고기는 먹고 가죽은 옷을 만들어 입었으며, 동예에서는 과하마가 생산되고, 다른 마을의 생활권을 침범하면 벌로 소와 말을 부과했으며, 한에서는 꼬리가 긴 닭이 생산되고 소와 말을 타고 다니기도 했다고 기록되어 있다.

이러한 기록은 열국시대 초기의 상황을 말하는 것이므로 열국시대는 초기부터 목축업이 널리 성행했음을 알 수 있다. 그리고 백제에서는 서기 368년과 434년에 각각 신라에 종자로 사용할 우수한 말 한 쌍씩을 보냈으며,[310] 왜에도 종마를 보내 퍼지게 했는데, 이러한 사실은 열국시대에 가축의 품종 개량에도 힘을 기울였음을 보여준다.

목축업이 발달함에 따라 동물을 생산 노동에 이용할 줄도 알게 되었다. 『삼국유사』에 의하면, 신라의 유리이사금은 보습과 얼음 창고, 수레 등을 만들었다고 하는데,[311] 당시의 기술 수준이나 목축 수준으로 볼 때 이때 만든 보습은 소나 말에 사용했을 것이다.

---

310 『삼국사기』 「신라본기」 〈내물이사금〉 13년조, 〈눌지마립간〉 18년조; 『삼국사기』 「백제본기」 〈근초고왕〉 23년조, 〈비유왕(毗有王)〉 8년조.

311 『삼국유사』 권1 「기이」 〈노례왕〉.

당시에 소나 말은 농경에도 이용되고, 사람이 타기도 했으며, 수레를 끌기도 했던 것이다. 이와 같이 동물들은 농경과 교통에 이용됨으로써 생산을 증대시키고 경제활동을 원활히 하는 데 크게 도움을 주었을 것이다.

열국시대에는 수공업도 발달해 있었다. 동부여에서는 국내에 있을 때는 흰옷을 숭상하고 흰 베로 만든 큰 소매가 달린 도포와 바지를 입고 가죽신을 신으며, 외국에 나갈 때는 비단옷, 수놓은 옷, 모직 옷을 즐겨 입고, 부유한 사람은 그 위에다 동물 가죽으로 만든 갓옷을 입고 금, 은 등으로 모자를 장식했다. 동예와 한에서는 삼을 심고 누에를 길렀으며 길쌈을 해 베를 생산했고, 읍루에서도 마포가 생산되었다.[312]

이러한 사실은 열국시대 초기에 이미 여러 종류의 옷감과 장신구 등이 각 지역에서 생산되었고, 특히 방직 기술이 발달해 비단 종류가 다양했음을 말해준다. 이러한 방직 기술이 계승되어 백제에서는 일찍부터 금(錦), 견(絹), 나(羅), 사(紗), 주(紬), 능(綾) 등의 비단을 생산했고, 그 방직 기술을 일본에 전달했다. 신라에서는 7월 16일부터 8월 15일까지 길쌈하는 것을 시합하는 가배(嘉俳)라는 행사도 있었다.[313]

열국시대에는 금속 기술도 발달해 여러 종류의 농기구, 무기,

---

312 『후한서』 권85 「동이열전」; 『삼국지』 권30 「오환선비동이전」.
313 『삼국사기』 권1 「신라본기」 〈유리이사금〉 9년조.

장신구 등이 생산되었다. 동부여에서는 집집마다 자체적으로 갑옷과 무기를 가지고 있었고, 금이나 은으로 모자를 장식했으며, 한에서는 구슬을 재보로 삼았으나 금, 은, 비단은 흔하므로 귀하게 여기지 않았다.[314] 이것은 열국시대 초기의 상황인데, 사회 경제가 발전함에 따라 농기구, 장신구의 생산이 다양해지고 증대되었으며, 각국 간의 전쟁이 치열해짐에 따라 무기의 종류와 생산량도 크게 늘어났다.

농업과 목축업, 수공업이 발달함에 따라 상업도 활발해졌다. 각 지역의 특산품이 국내는 물론 국외로도 수출되었다. 한의 변진 지역에서 생산된 철은 예와 왜에 수출되었으며, 바다 가운데 있었던 주호(洲胡: 지금의 강화도로 추정) 주민들은 한의 지역에 와서 물건을 사고팔았다.[315] 한반도와 만주 지역에서 화천(貨泉)과 오수전(五銖錢) 등의 중국 화폐가 출토되는 것은 국제 교역이 활발했음을 알게 한다. 이와 같은 상업의 발달에 따라 신라에서는 동시를 설치하고, 시장을 관할하는 관청인 시전(市典)까지 두었던 것이다.[316]

---

314 윤내현, 앞의 글 「동부여의 패권 쇠퇴」, 『한국 열국사 연구』.
315 위와 같음.
316 『삼국사기』 권4 「신라본기」 〈지증마립간〉 10년조; 『삼국사기』 권38 「직관지(職官志)」 상 〈동시전(東市典)〉조.

열국시대의 사회는 세 가지로 특징지을 수 있다. 첫째는 고조선 붕괴 후 거주민 이동에 따른 각 지역 주민의 혼합이고, 둘째는 토지 관념의 변화에 따른 통치 조직의 중앙집권화이며, 셋째는 사회 각 신분 간의 차이가 심화되고 새로운 신분의 조정이 이루어졌다는 점이다.

앞에서 언급한 바와 같이 고조선 말기 요서 서부에서 건국된 위만조선의 영토 확장과 한사군의 설치 과정에서 요서의 주민들이 대거 요동 지역으로 이동했고, 그 연쇄 현상으로 요동 지역의 주민들이 한반도 남부와 연해주 등지로 이동해 각 지역에 정치 세력의 재편성이 이루어지면서 열국시대가 시작되었다.

따라서 열국시대에는 각 지역 주민들의 혼합이 많아졌다. 이러한 주민의 혼합은 민족 융합을 가져왔고, 각 지역의 생산 기술과 문화가 상호 전파·혼합되어 한 단계 발전하는 계기가 되었다. 따라서 열국시대는 한민족이 정치적으로는 여러 나라로 분열되어 있었지만 민족의식은 한층 강해진 시대이기도 했다. 열국시대에 일어난 각 지역의 생산 기술과 문화의 혼합은 다음 시대에 찬란한 문화를 이루어낼 기초가 되었다.

그런데 열국시대가 개시된 이후 국력을 크게 신장시킨 세력은 모두 다른 지역에서 이주한 집단이었다. 한이나 신라, 가야 등과 같이 그 지역 토착인들에 의해 세워진 국가도 있었으나, 고구려나 백제에 비하면 발전이 매우 더뎠다. 이주민들은 고조선을 붕괴시킨 전쟁과 사회 변화를 체험한 사람들이어서 그러한 상황에 민감했고, 비교적 정확한 판단을 하고 있었을 뿐만 아니라, 이주 과정에서 집단의 필요성을 느끼고 강한 정치 세력으로 등장할 수 있었기 때문이다.

반면, 토착 세력은 안일한 자세로 종래의 전통을 답습하고 있었다. 그 결과, 이주민들이 세운 나라들이 빠른 속도로 강국으로 등장했다. 그러나 이주민들에 의해 세워진 국가라고 해서 이주민들로만 구성된 것은 아니었다. 각국은 그 지역 토착인들을 정권에 참여시켰다. 각국의 건국 중심 세력은 이주민이었지만, 그 정권의 실체는 이주민과 토착민의 연합 정권이었던 것이다. 고구려나 백제, 신라는 토착 세력의 지지 기반 위에서 강국으로 성장할 수 있었다.

열국시대는 통치 조직이 지방분권제인 거수국제에서 중앙집권제인 군현제로 이행되는 시대였다. 고조신 붕괴 후 새로 건국된 국가들은 철기가 보급됨에 따라 마을집적국가 구조에 기초를 둔 거수국제국가의 통치 조직이 더 이상 실효를 거두지 못함을 잘 알고 있었다. 따라서 중앙집권적 영역국가, 즉 군현제국가로 통치 조직을 개편해 나갔다.

그러나 중앙집권적 통치 조직을 일시에 실시할 경우 저항이 심할 것을 우려해 초기에는 중앙집권적 통치 조직에 거수국제의 요소를 병행해 실시했다. 동부여나 고구려에 제가회의가 있었던 것이라든가, 새로 병합된 지역에 그 지역 토착 세력을 거수로 봉한 것 등이 그러한 예다. 그러나 국력이 신장되어 왕권이 강화된 후에는 거수국제의 요소를 제거하고 완전한 중앙집권제의 통치 체제를 확립했다.

열국시대는 엄밀하게 말해서 거수국제 또는 지방분권제의 통치 체제로부터 군현제 또는 중앙집권제의 통치 체제로 이행되는 과도기에 해당한다. 이것을 구조적인 면에서 보면 마을집적국가에서 영역국가로 변화하는 과도기가 된다.

열국시대는 이전 시대보다 사회 각 신분 간의 차이가 심화되었다. 열국시대 후기로 오면서 왕권이 강화되고 중앙집권화가 확립됨에 따라 관직이나 사회 신분상의 차별이 엄격해졌다. 그뿐만 아니라 철기의 보급과 농경 기술의 발달에 따라 지주들은 더욱 부유해졌으나 서민은 여전히 어려운 생활을 해야만 했다.

거기에다 각국의 빈번한 영토 겸병 전쟁으로 서민들은 군역과 요역 및 과다한 조세에 시달려야 했다. 몰락한 농민이 늘어나고, 심지어 그들은 유랑인이 되기도 했다. 열국시대 전기까지는 아직도 노예는 동물과 같이 취급되었다. 부여에서는 장사지낼 때 노예를 순장했는데, 많을 때는 1백 명 정도 되었다.[317] 신라 왕실에서는 서기 502년에 순장제도를 폐지했다.[318]

---

317 『후한서』권85 「동이열전」; 『삼국지』권30 「오환선비동이전」〈부여전〉.
318 『삼국사기』권4 「신라본기」〈지증마립간〉 3년조.

노예의 순장제도가 폐지된 것은 사람의 생명에 대한 인식이 진전되었기 때문이기도 했지만, 사회 경제가 발전함에 따라 노예의 노동력이 더욱 필요해진 것도 큰 요인이었다. 『삼국사기』에 의하면, 서기 562년에 대가야와의 전쟁에서 이긴 신라 장수 사다함(斯多含)이 포로 2백 명을 노예로 받았다가 자유민으로 놓아주었다고 한다.[319] 이러한 사실은 열국시대에 지배귀족들이 많은 노예를 거느리고 있었으며, 노예에 대한 인식에 변화가 일어나고 있었음을 말해준다.

열국시대의 사회 신분은 고조선시대보다 더 세분화되어 왕, 종교 지도자, 귀족, 관료, 평민, 하호, 향민과 부곡민, 노비 등이 있었다. 경제적·사회적으로 각 신분 간의 차등이 이전 시대보다 한층 심해졌는데, 평민 이하는 피지배 신분이었다. 이들 가운데 관료는 대개 귀족이 맡았으므로 구분되지 않는 신분이라고 볼 수가 있다. 향민과 부곡민은 노비와 같은 천민으로 향이나 부곡이라는 행정 구역 안에 거주하는 사람들이었다. 노비는 주인에게 소유권이 있는 재산으로, 그 값은 어른은 비단 40필, 어린이는 비단 20필쯤 되었다.

열국시대 후기인 3~4세기경에 이르면 고구려, 백제, 신라는 군현제도에 의한 중앙집권 체제가 완비될 뿐만 아니라 사회 구조 면에서는 마을집적국가 요소가 제거되고 완전한 영역국가로 변모

---

319 『삼국사기』 권4 「신라본기」 〈진흥왕〉 23년조.

되며, 경제 구조도 종래의 집단노동으로부터 1가나 1호가 단위가 되어 토지 소유주와 관계를 맺는 상태가 정착되고, 이에 따라 조세제도가 구체화되었다.

그리고 하호들도 경제력을 갖게 되어 평민처럼 독립하는 사람들이 많아졌다. 이에 따라 평민과 하호의 구분이 없어지고, 이들을 통칭해 서인이라 불렀다. 이들은 인, 민, 백성, 양인이라고도 불렀다. 노예에 대한 인식에도 변화가 일어나 그 성격도 변했다. 지배층은 통칭해 사(士)라 불렀다. 그러므로 열국시대 후기의 사회 신분은 왕을 정점으로 하여 종교 지도자, 사, 서인, 향민과 부곡민, 노비 등으로 나뉜다고 할 수 있다.

이 시기에 문화 면에서도 외래 종교인 불교가 수용되어 큰 변화를 보였다. 열국시대 후기에 보이는 여러 변화들은 역사의 발전 과정에서 시대 성격을 구분 짓는 중요한 기준이 된다. 이러한 기준에 따르면, 대체로 열국시대까지는 고대로, 그 뒤를 잇는 사국시대부터는 중세로 구분 지을 수 있을 것이다.

제11장
열국시대의 문화

열국시대의 사상과 학술

열국시대의 각국은 고조선의 종교와 사상을 그대로 계승해 하느님을 숭배하는 것이 그 중심을 이루고 있었다. 그리고 사람을 귀하게 여기고 널리 이롭게 해야 한다는 홍익인간 이념이 사회의식의 기초를 이루고 있었다. 그러나 철기의 보급에 의해 경제 구조와 사회 성격에 변화가 일어나고 생산력의 증대에 의해 빈부와 신분에 차이가 심해짐에 따라 하느님 숭배와 홍익인간 이념이 중심이 되었던 종래의 종교와 사상은 점차 붕괴되기에 이르렀다.

동부여, 고구려, 신라, 가야 등의 건국자의 출생이 모두 하늘과 연관을 맺고 있는 것은 열국시대 초기 각국의 종교와 사상의 중심이 여전히 하느님 숭배였음을 보여준다. 이러한 사실은 한의 각 국읍에 하느님을 섬기는 종교적 권위자인 천군이 있었다는 점에서도 확인된다.

하느님을 숭배하는 사상은 일반 민속에도 깊이 뿌리내려 있었다. 동부여에서는 12월에 하늘에 제사를 지내는 영고라는 행사가 있었는데, 그때는 온 나라 사람이 모여 연일 음식을 먹고 술을 마시며 노래하고 춤을 추었고, 전쟁이 있을 때는 하느님에게 제사를 지내고 소를 잡아서 발굽으로 길흉을 점쳤다. 고구려에도 10월에 온 나라 사람이 하늘에 제사를 지내는 동맹이라는 큰 행사가 있었으며, 동예에서도 10월이면 하늘에 제사를 지내는 무천이 있었는데, 밤낮없이 술 마시고 노래 부르며 춤을 추었다. 한에서는 각 국의 국읍에 천군을 두어 하느님에 대한 제사를 주관하게 했고, 5월과 10월에는 하느님에게 감사제를 지냈는데, 밤낮없이 술자리를 베풀고 떼를 지어 노래 부르며 춤을 추었다.[320] 이러한 사실은 하느님 숭배와 사람을 널리 이롭게 해야 한다는 홍익인간 이념이 각 지역의 풍속에 깊이 자리하고 있었음을 보여준다.

그러나 열국시대가 진행되면서 이러한 종교와 사상은 점차 와해되어 갔다. 그것은 고조선의 붕괴로부터 시작되었다. 하느님을 최고신으로 숭배하고 하느님의 아들이라는 단군이 통치하던 고조선이 붕괴되자 사람들은 하느님의 권능에 의심을 품기 시작했다. 거기에다가 종래의 경제 구조와 사회 질서가 붕괴되고, 각국이 국

---

320 『후한서』 권85 「동이열전」; 『삼국지』 권30 「오환선비동이전」.

토를 확장하기 위한 영토 겸병 전쟁을 치열하게 벌여 약육강식의 시대가 연출되자 사람들은 사회 질서나 자연 질서에 대한 신의 권능에 대해 회의를 갖게 되었다.

이에 따라 새로운 생각이 싹트기 시작했다. 서기 142년에 고구려 태조왕이 꿈을 꾼 후 그것을 점친 결과가 좋지 않음을 말하자 우보였던 고복장(高福章)은 "착한 일을 하지 않으면 길한 것이 흉한 것으로 바뀌고, 착한 일을 하면 재앙이 도리어 복으로 화하는 것입니다"라고 말했다.[321] 이것은 신의 뜻을 파악하는 점복의 신성성을 부인하고 길흉화복은 사람이 행동하는 데 따라서 온다고 본 것으로서, 신의 절대적 권능에 의심을 품고 길흉화복을 만드는 주체를 사람으로 파악한 것이다.

이와 같이 종교, 사상의 와해와 경제 구조, 사회 질서의 변화가 병행되어 사회 신분과 빈부의 차이가 심해짐에 따라 갈등과 모순이 나타나게 되었다. 지배 신분은 현실의 통치 질서와 사회 질서를 유지하는 데 필요한 논리를 가진 새로운 종교와 사상을 필요로 했다. 그러한 지배 신분의 욕구를 충족해준 것이 열국시대 말기에 전래된 불교였다.

원래 불교는 사회의 신분 구조를 배격하는 만민평등사상에 기초를 두고 있지만, 불교가 발전하는 과정에서 인도의 카스트 제도와 윤회 및 업보사상이 받아들여져 현실의 사회적 신분은 전생의

---

321 『삼국사기』 권15 「고구려본기」 〈태조왕〉 90년조.

업보로 얻어진 것이라고 설명됨으로써 신분 질서도 당연한 것으로 설명되었다. 이에 따라 불교가 중앙집권의 전제왕권과 그 통치 질서를 뒷받침하는 종교와 사상으로서의 역할을 맡게 되었던 것이다. 고구려, 백제, 신라의 불교가 왕실의 주도 아래 포교되었던 이유가 여기에 있다.

열국시대에는 학술도 상당히 높은 수준에 도달해 있었다. 한민족이 문자를 사용하기 시작한 것이 언제부터였는지는 명확하지 않다. 고조선시대나 열국시대에 독자적인 문자가 있었는지의 여부도 확실하게 밝혀지지 않고 있다. 그러나 고조선 왕실은 중국의 서주 왕실과 교류를 가졌으므로 이미 문자에 대한 지식은 가지고 있었을 것이다. 경상남도 의창군 다호리에서 서기전 1세기의 청동기, 철제 농구, 제기, 철기 등과 함께 다섯 자루의 붓이 출토되었는데,[322] 이것은 고조선 말기에 이미 높은 수준의 필묵문화가 있었음을 말해주는 것이다.

이러한 필묵문화가 열국시대에 그대로 전승되었을 것은 당연하다. 그러한 문화적 바탕 위에서 고구려와 백제는 역사서를 편찬했다. 고구려는 국초에 이미 1백 권이나 되는 방대한 『유기(留記)』를 편찬했고,[323] 백제에서는 서기 375년에 고흥(高興)에 의해 『서기 (書記)』가 편찬되었다.[324] 이 외에도 백제에는 『백제고기(百濟古

---

322 『박물관신문』 1988년 5월 1일자.
323 『삼국사기』 권20 「고구려본기」 〈영양왕〉 11년조.
324 『삼국사기』 권24 「백제본기」 〈근초고왕〉 30년.

記)』, 『백제기(百濟記)』, 『백제신찬(百濟新撰)』, 『백제본기(百濟本紀)』 등의 역사서가 있었던 것으로 전해 온다. 이 책들은 현재 전하지 않지만, 후에 『삼국사기』와 『삼국유사』가 편찬될 때 직접 또는 간접으로 이용되었을 것이다. 백제는 일본의 문화 발전에도 크게 기여했다. 서기 285년에 박사 왕인(王仁)이 왜에 건너가 『논어(論語)』와 『천자문(千字文)』을 전해 문자를 보급하고 문화를 발전시키는 데 크게 도움을 주었다.

열국시대의 과학과 기술

열국시대는 자연과학 발달의 기초가 이루어진 시기이기도 했다. 부여, 읍루, 동옥저, 동예, 최씨낙랑국, 말갈, 한 등에 관해서는 많은 기록이 남아 있지 않으므로 그들의 자연과학에 대한 관심이나 수준을 알 수 없다. 그러나 고구려, 백제, 신라는 초기부터 자연과학에 매우 깊은 관심을 가지고 있었음이 『삼국사기』의 기록에서 확인된다. 『삼국사기』에서는 이상기후, 자연재해, 천문 등에 관한 기록이 자주 발견된다.

이러한 자연현상에 대한 관심은 원래 고대인들의 종교사상으로부터 일어났다. 고대인들은 모든 자연현상과 인간만사를 신이 주재하는 것으로 믿었기 때문에 자연현상의 변화를 신의 의지의 표현으로 받아들였다. 따라서 이상기후, 자연재해, 천문의 변화 등을 깊이 관찰하고 그것을 통해 신의 의지를 파악하려고 노력했다.

특히 고대인들은 농경과 깊은 관계가 있는 기후에 관심이 많았다. 단군신화에 환웅은 바람을 관장하는 신, 구름을 관장하는 신, 비를 관장하는 신 등을 거느리고 인간 세상의 모든 일을 주재했다고 전해 오는 것은 그러한 고대인들의 의식을 보여준다.

그러한 고대인들의 의식은 군주의 정치적 잘잘못이 자연계와 인간 세계의 길흉을 초래한다는 천인상관의 사상으로 발전했다. 부여의 풍속에 가뭄이나 장마가 계속되어 오곡이 영글지 않으면 그 허물을 왕에게 돌려 왕을 바꾸거나 죽일 수도 있었던 것은 그러한 고대 사상의 일면을 보여준다.

다른 한편으로 종교사상에서 비롯된 고대인들의 자연현상의 변화에 대한 관심은 자연과학 발달의 기초가 되었다. 자연현상의 변화에 일정한 법칙이 있다는 사실을 알게 되면서 자연법칙을 발견하게 되었던 것이다.『후한서』「동이열전」〈예전〉에는 "동예에서는 새벽에 별자리의 변화를 관찰해 그해에 풍년이 들 것인지를 미리 알았다"라는 기록이 있는데, 이로 보아 열국시대의 사람들은 이미 천문에 대한 깊은 지식을 가지고 있었다.

특히 고조선이 붕괴되고 열국시대가 시작되자 고조선을 보우하는 것으로 믿었던 하늘의 절대적 권위에 대해 의문을 품게 되었다. 따라서 신의 권능에 대한 믿음이나 자연현상은 신의 의지가 표출된 것이라는 생각에 변화가 일어났다. 이러한 변화는 자연현상의 변화를 자연현상 그대로 받아들이도록 만들어 자연과학 발달의 기초를 이루었다.

이러한 종교사상의 변화 속에서 고구려, 백제, 신라는 일찍부터 이상기후, 자연재해, 천문 등에 관한 자세한 기록을 남겼는데, 대체로 열국시대에 해당하는 서기 560년경까지의 기록을 보면 다음과 같다.

먼저 이상기후에 대한 기록을 보면, 고구려는 "서기 31년(대무신왕 14년) 11월에 우뢰가 있었고, 눈이 오지 않았다"[325] 라는 기록에서 시작해 "서기 41년(대무신왕 24년) 3월에 도읍에 우박이 왔고, 7월에 서리가 내려 곡식을 해치고, 8월에는 매화가 피었다"[326] 는 등 40여 건에 달하는 기록이 있다.

백제도 "서기전 16년(온조왕 3년) 10월에 우뢰가 있었고, 도리(桃李)에 꽃이 피었으며, 다음 해 봄과 여름에는 가물어 기근이 생기고 질병이 유행했다"[327] 는 등 40여 건의 기록을 남겨 놓았고, 신라는 "서기 11년(남해차차웅 8년) 봄과 여름에 가뭄이 있었다"는 기록으로부터 "서기 18년(남해차차웅 15년) 도읍에 가뭄이 있었고, 서기 22년(남해차차웅 19년) 11월에는 물이 얼지 않았다"[328] 는 등 70여 건이 기록되어 있다.

이상과 같이 이상기후에 관한 기록이 많은 것은 당시 사람들이

325 『삼국사기』 권14 「고구려본기」 〈대무신왕〉 14년조.
326 『삼국사기』 권14 「고구려본기」 〈대무신왕〉 24년조.
327 『삼국사기』 권23 「백제본기」 〈시조온조왕〉 3·4년조.
328 『삼국사기』 권1 「신라본기」 〈남해차차웅〉 8·15·19년조.

기후에 관심이 매우 컸음을 보여주는 것인데, 이는 당시가 농경사회였다는 점과 깊은 연관이 있다.

자연재해에 관한 기록을 보면, 고구려는 "서기 2년(유리명왕 21년) 8월과 서기 19년(대무신왕 2년) 정월에 지진이 있었다"[329]는 기록을 비롯해 지진, 홍수, 폭풍, 가뭄, 황충, 우박 등으로 인한 피해에 관한 기록이 50여 건이나 된다. 백제는 "서기 13년(온조왕 31년) 5월과 6월에 백성이 주려 서로 잡아먹고 도적이 크게 일어났다"[330]는 등 지진, 가뭄, 홍수, 서리, 황충 등으로 인한 피해에 관한 기록이 45건이며, 신라는 "서기 18년(남해차차웅 15년)에 황재(蝗災)로 인해 기근이 있었고, 서기 34년(유리이사금 11년)에는 도읍의 땅이 벌어지고 샘이 솟았으며, 6월에는 큰물이 났다"[331]는 등 가뭄, 지진, 홍수, 폭풍, 우박, 서리, 황충 등에 관한 기록이 65건이나 된다.

이러한 자연재해에 관한 기록은 천인상관 사상에 근거해 정치를 보다 잘하도록 하는 경계의 효과를 갖기도 했지만, 자연재해를 입어 생활이 어려운 백성을 돕는 구빈(救貧) 정책의 자료로도 사용되었다.

천문에 관한 기록을 보면, 고구려는 "서기 46년[민중왕(閔中王)

329 『삼국사기』 권13 「고구려본기」 〈유리명왕〉 21년조; 『삼국사기』 권14 「고구려본기」
　　〈대무신왕〉 2년조.
330 『삼국사기』 권23 「백제본기」 〈시조온조왕〉 31·33년조.
331 『삼국사기』 권1 「신라본기」 〈남해차차웅〉 15년조, 〈유리이사금〉 11년조.

3년] 11월에 혜성이 남쪽에 나타나 20일 만에 없어졌고, 서기 114년[태조대왕(太祖大王) 62년] 3월에 일식이 있었다"[332]는 등 여러 종류의 별, 일식, 월식 등에 관한 기록이 20여 건이고, 백제는 "서기전 13년(온조왕 16년) 7월 그믐(辛未日)에 일식이 있었고, 서기 85년(기루왕 9년) 4월 을사일(乙巳日)에 객성(客星)이 자미(紫微)로 들어갔다"[333]는 등 별, 해, 일식 등에 관한 기록이 40여 건이며, 신라는 "서기 6년(남해차차웅 3년) 10월 초하루(丙辰日)에 일식이 있었고, 서기 14년(남해차차웅 11년)에 유성(流星)이 적진에 떨어졌다"[334]는 등 별, 일식 등에 관한 기록이 27건이다.

고구려, 백제, 신라는 혜성과 유성이 나타났던 방향과 시간, 위치 등에 대해서 자세한 기록을 남기고 있는데, 천문 현상에 대한 자세한 기록을 남기고 있는 것으로 보아 열국시대 초부터 이미 이상기후, 자연재해, 천문에 대한 관측과 기록을 할 수 있는 기구와 그 준비가 항상 되어 있었음을 알 수 있다.

열국시대는 철기가 매우 발달한 시기이기도 했다. 고조선은 서기전 8세기경부터 철기를 사용했으며, 서기전 3세기경에는 강철을 생산했다.[335] 이전에 사용되었던 연철과 선철은 계속해서 강철

---

332 『삼국사기』 권14 「고구려본기」 〈민중왕〉 3년조; 『삼국사기』 권15 「고구려본기」 〈태조왕〉 62년조.
333 『삼국사기』 권23 「백제본기」 〈시조온조왕〉 6년조, 〈기루왕〉 9년조.
334 『삼국사기』 권1 「신라본기」 〈남해차차웅〉 3·11년조.
335 윤내현, 앞의 글 「고조선의 과학과 예술」, 『고조선 연구』, p. 733.

과 함께 사용되었는데, 이러한 철기 기술은 열국시대로 이어졌다.

『삼국사기』에는 고구려에 철제 투구와 철제 갑옷, 그리고 철제 무기로 중무장하고 철갑을 입힌 말을 탄 철기(鐵騎)가 있었음을 알려주는 기록이 보이는데,[336] 이를 뒷받침하는 유물이 여러 지역에서 출토되어 당시 여러 나라에 군대 조직이 보편적이었음을 말해준다.[337] 『일본서기』에는 백제가 왜의 사신에게 철정(鐵鋌)을 주었다는 기록이 보이는데,[338] 신라와 가야의 여러 유적에서 철정이 많이 출토된다. 그리고 일본 나라현(奈良縣)의 이소노가미(石上神社)에는 백제에서 백 번 담금질해 만든 백련철(百鍊鐵)의 칠지도(七支刀)가 전해 온다.

열국의 여러 유적에서 출토되는 다양한 철기들은 열국시대가 매우 발달한 철기문화시대였음을 의미한다. 열국시대에는 금, 은, 동과 보석 등도 널리 사용되었는데, 이러한 사실도 문헌 기록과 유물을 통해 확인된다.

---

336 『삼국사기』 권17 「고구려본기」 〈동천왕〉 20년조.
337 박진욱, 「삼국시기의 갑옷과 투구」, 『고고민속』, 1965년 2호, 사회과학원출판사, pp. 12~18.
338 『일본서기』 권9 「신공황후(神功皇后)」 46년 3월조.

제12장
열국시대의 대외 관계

열국시대 북부의 대륙 진출

열국시대는 대외 활동이 매우 활발했던 시기였다. 고조선이 붕괴되면서 독립한 여러 나라는 주변의 나라를 병합해 영토를 확장하기도 했지만, 대외 활동에도 매우 적극적이었다. 한반도의 지리적 여건상 북부는 대륙으로, 남부는 해외로 진출을 꾀했다.

고조선시대에 지금의 요서 지역의 거수국이었던 숙신은 고조선의 붕괴와 더불어 동쪽으로 이동하면서 여러 지역으로 분산·이주했는데, 그 가운데 일부는 지금의 연해주로 이주해 읍루라는 나라를 세웠다.[339] 연해주 지역은 매우 낙후되어 있어서 당시까지

---

339 윤내현, 「열국시대의 시작과 변천」·「읍루, 동옥저, 동예의 사회」, 『한국 열국사 연

국가가 존재하지 않았다. 고조선에서는 이 지역이 정치적·경제적으로 별로 도움이 되지 않으므로 필요에 따라 영향력을 행사하는 정도에 그쳤다. 영속적인 영토는 아니었던 것이다.

그 지역 원주민들의 체형은 한민족과 비슷했지만 언어나 풍속 등은 달라 한민족이라고 말할 수는 없다. 한민족의 일부였던 숙신은 이러한 곳으로 이주해 읍루라는 국가를 세웠던 것이다. 원주민들은 숙신과 다른 문화를 가지고 있었지만, 비록 지속적이지는 않았으나 고조선의 영향력 아래에 있었던 경험이 있으므로 숙신이 이곳에서 나라를 세우는 데 크게 저항하지 않았다. 읍루의 원주민은 한민족에 속하지 않지만 그 지배층인 숙신은 한민족이므로 읍루는 한민족의 국가였던 것이다.

이 시기에 부여의 주민 일부는 시베리아 지역으로 이주했다. 『위서』「두막루전」과 『신당서』「유귀전」에는 옛날 부여족의 일부가 연해주 북쪽 멀리 이주해 두막루라는 나라를 세웠다고 기록되어 있다.[340] 연해주 북쪽 멀리 떨어진 곳이라면 시베리아였을 것으로 추정되는데, 이들의 시베리아 이주는 고조선의 붕괴로 인한 요서 지역 주민의 이동과 관계가 있었을 것이다. 이러한 사실은 이 시기에 한민족의 일부가 시베리아까지 진출했음을 말해준다.

고구려는 지금의 요하 동부 유역에서 건국해 서기 74년까지 비

구』, pp. 31~55, 327~345.
[340] 『위서』 권100 「두막루전」; 『신당서』 권220 「유귀전」.

류, 행인, 북옥저, 선비, 양맥, 개마, 구다, 최씨낙랑, 동옥저, 갈사, 조나, 주나 등 주변에 있는 나라를 병합해 기반을 구축했는데,[341] 서기 49년에는 지금의 태원까지 진격하기도 했다.[342] 그 뒤 고구려는 지금의 요서 지역을 집중적으로 공략해 중국의 동한과 자주 전쟁을 했다. 당시 요서 지역에는 낙랑군과 현도군이 있었는데, 서기 313~315년에는 이들을 모두 축출하고 지금의 난하 유역까지를 영토로 삼았다.[343] 요서 지역의 고조선 고토를 완전히 수복했던 것이다.

여기서 유의해야 할 점은 고구려는 요서 지역의 고조선 고토를 수복한 뒤에는 중국 지역으로의 진출을 중단하고 남진 정책을 써 한반도 남부로 진출하기 시작했다는 점이다. 당시 중국은 동한이 망하고 삼국시대를 거쳐 여러 나라로 분열되는 상황이 계속되고 있었으므로 고구려로서는 중국 지역으로 진출하는 데 매우 유리한 여건이 전개되고 있었다. 그런데도 중국 지역으로의 진출을 중단하고 남진 정책을 시행했다는 것은 고구려의 영토 확장은 고조선의 고토수복이 목적이었음을 의미한다. 영토를 수복하는 데 그치는 것이 아니라 그 이념까지도 계승하고자 했을 것이다.

이상과 같이 북쪽에서의 한민족의 진출 지역을 보면 동북쪽은

341 『삼국사기』「고구려본기」해당년조 참조.
342 『후한서』권1「광무제기」하 25년조; 『후한서』권85「동이열전」〈고구려전〉; 『삼국사기』권14「고구려본기」〈모본왕〉 2년조.
343 『삼국사기』권17「고구려본기」〈미천왕〉 3·12·14·15·16년조.

연해주까지가 영속적인 지배 영역이었고, 한민족의 일부는 그곳을 지나 시베리아까지 진출했다. 그리고 북쪽은 내몽고 지역에 이르렀고, 서북쪽은 난하 유역까지가 영속적인 지배 영역이었으며, 일시적으로는 황하 유역의 태원까지 진출했다.

열국시대 남부의 해외 진출

열국시대에 한반도 남서부의 백제는 중국의 동부 해안 지역에 진출했고, 가야는 왜열도 남부 지역에 진출했다. 서기 246년(고이왕 13년)에 백제는 난하 유역에 진출했다. 당시 중국은 삼국시대로, 북부에 있었던 위나라의 유주자사 관구검이 고구려의 환도성에 침입했는데, 그 후방이 비어 있는 것을 틈타 백제는 좌장 진충을 파견해 난하 유역에 있었던 낙랑군의 서부를 공격해 빼앗았다.[344]

그 뒤 백제는 그 세력을 난하 유역으로부터 남쪽으로 진격시켜 산동성, 강소성(江蘇省), 절강성 등 중국의 동부 해안 지역을 차지했으며, 중국 남부의 광서장족자치구(廣西壯族自治區)에도 진출했다. 백제의 중국 동부 해안 지역 지배는 서기 589년 수나라가 중국을 통일하기 직전까지 계속되었다. 340년이 넘는 오랜 기간이

---

[344] 『삼국사기』 권24 「백제본기」 〈고이왕〉 13년조.

었다.[345]

이 시기에 북부의 고구려는 지금의 난하 유역까지 차지하고 있었고, 남서부의 백제는 난하 서부로부터 중국 동부 해안 지역을 차지하고 있었으므로 발해와 황해는 한민족 국가의 내해(지중해)가 되어 있었던 것이다. 고구려와 백제가 중국의 동북부와 동부 지역에 진출한 것은 지난날 고조선의 서부를 침략했던 중국에 대한 응징이라고 볼 수 있다.

이 시기에 가야는 왜열도에 진출했다. 주로 왜열도 남부 지역이었다. 고조선 말기인 서기전 3세기경부터 한반도 남부에서 왜열도로 이주한 사람들이 많았다. 그들은 고조선의 문화를 그곳으로 가지고 가서 야요이문화를 열었는데, 이러한 주민 이동은 고조선이 붕괴되고 열국시대가 시작된 뒤에도 계속되었다. 서기 4세기경에 이르면 한반도로부터 고분문화를 가진 사람들이 이주해 왜열도에 고분문화가 시작되었는데, 가야의 영향이 매우 컸다.[346] 이들은 한반도에서 이미 국가라는 조직에서 생활했던 경험을 살려 왜열도에 소국을 세우고, 나라 이름에 한반도의 고국 명칭을 사용했다.[347]

---

345 윤내현, 앞의 글 「백제의 중국 동부 지배」, 『한국 열국사 연구』, pp. 381~418.

346 서곡정, 「가야와 왜의 문물 교류」, 『가야사론』, 고려대학교 한국학연구소, 1993, pp. 123~156.

347 조희승, 『초기 조일 관계사』 상, 사회과학출판사, 1988; 김석형, 『초기 조일 관계사』 하, 사회과학출판사, 1988.

『일본서기』에 등장하는 임나, 백제, 신라, 고구려는 대부분 한민족이 왜열도에 세운 소국들인 것이다. 가야는 임나라고도 불렸다. 따라서 왜열도에 있었던 임나는 가야 사람들이 세운 나라였다. 이러한 소국들이 통합되어 서기 7세기에 이르러 일본이라는 나라가 출현했다. 일본의 건국은 한민족의 열도 진출에 의한 것이었다.

일본 학계에서는 서기 4세기부터 6세기 사이에 일본이 한반도 남부의 가야에 '임나일본부(任那日本府)'를 설치하고 가야를 지배했다는 이른바 '남선경영설(南鮮經營說)'을 주장해 오랫동안 논란이 되어왔다. 그러나 그러한 주장은 성립될 수 없다. 한반도와 만주는 서기전 25세기경에 청동기문화시대에 진입해 국가사회가 출현한 데 비해 왜열도에서는 서기전 3세기에 이르러서야 한반도의 이주민들에 의해 청동기문화가 시작되었으며, 이 시기에도 일본이라는 국가는 출현하지 않았다. 그러한 상황에서 왜가 한반도의 가야를 지배했다는 것은 상상할 수도 없는 일이다.

일본이라는 나라가 출현한 것은 서기 7세기였다. 따라서 그 이전에 '일본부'라는 용어가 있을 수 없고, 당시 한반도와 왜열도의 사회 수준이나 문화 수준의 차이를 보더라도 왜가 가야를 지배하는 것은 불가능하다. 여기서 분명히 알아야 할 것은 『일본서기』에 등장하는 임나는 한반도에 있었던 가야가 아니라는 점이다. 『일본서기』의 기록을 보면 한반도에 있었던 가야가 멸망한 후에도 왜는 계속해서 임나와 교류를 가진 것으로 되어 있다.

『삼국사기』에 의하면, 한반도의 가야는 서기 562년에 완전히 멸망했는데,[348] 『일본서기』에는 그보다 늦은 서기 646년까지 여러 차례에 걸쳐 임나와 사신 왕래가 있었다고 기록되어 있다.[349] 그리고 『일본서기』에는 임나의 북쪽에 바다가 있다고 기록되어 있는데, 한반도의 가야는 지금의 경상남도로 북쪽에 바다가 없다.

이러한 사실들은 『일본서기』에 등장하는 임나는 한반도에 있었던 가야가 아니었음을 분명히 하는 것이다. 근래의 연구 결과에 의하면, 『일본서기』에 등장하는 임나는 지금의 일본 오카야마였던 것으로 확인되었다.[350]

---

348 『삼국사기』 권4 「신라본기」 〈진흥왕〉 23년조.

349 『일본서기』 권20 〈민달천왕(敏達天王)〉 4년조; 『일본서기』 권22 〈추고천왕(推古天王)〉 8·31년조; 『일본서기』 권23 〈흠명천왕(欽明天王)〉 10년조; 『일본서기』 권25 〈효덕천왕(孝德天王)〉 야마토(大和) 원년조, 야마토 2년조.

350 조희승, 『가야사 연구』, 사회과학출판사, 1994, pp. 593~597.

21세기 겨레가 나아갈 길을 밝히는 책

한가람역사문화연구소 소장 이덕일

l

몇 년 전 서양사를 전공했던 고 박양식 박사와 나눈 대화가 생각난다. 그는 서양사를 공부하면 할수록 한국 고대사가 궁금해지더라고 토로했다. 근·현대사로 박사 학위를 받은 나도 갈수록 한국 고대사가 궁금해서 전공 못지않게 공부했다고 답했다. 그 길이 역사라는 학문의 당연한 귀결이라고 덧붙였다. 한국 고대사에 대한 궁금증은 한마디로 말해서 나와 우리의 뿌리에 대한 궁금증이기도 하다.

그러나 이 궁금증을 푸는 것은 쉬운 일이 아니다. 한국 고대사는 시기적으로 먼 시기이고 사료도 대부분 한문 사료이기 때문에 일반인들이 쉽게 접근하기가 어렵기 때문이다. 수많은 사료의 강을 건너고 산을 넘어야 그 먼 종착역에 도착할 수 있다. 그래서 이 분야는 대학 사학과에서 공부한 이른바 전문가들의 영향력이 크기 마련이다. 문제는 이 전문가 집단들이 그릇된 사고를 가지고 있을 때 바로잡기가 쉽지 않다는 점이다. 한국 사회는 이런 문제점이 중첩된 표본이라고 할 수 있을 정도로 전문가 집단이 집단적으로 잘못된 사고를 갖고 있는 것이 현실이다. 한국 사회에는 이른바 강단이라고 불리는 역사 전문가 집단이 있다. 대부분 대학에서 역사학을 전공한 사람들을 일컫는 용어로서 대학의 사학과와 국사편찬위원회, 한국학중앙연구원, 동북아역사재단 등 역사 관련 국가기구를 독차지하고 있는 집단이다.

병을 치료하기 위해서는 발병한 원인을 알아야 하는데 이 문제도 마찬가지다. 이 병의 증상은 남의 시각으로 우리를 바라보는 것이다. 그런데 그 남의 시각은 우리를 지배하려는 정치적 의도를 가지고 만들어진 것이다. 그래서 우리를 비하할 뿐만 아니라 이런 시각에 세뇌되어 스스로 비하하게 만든다. 주체적 시각으로 바라본 나는 사라지고, 나를 비하하는 남의 시각으로 나를 보게 만든다. 이런 시각은 두 단계에 걸쳐 형성되었다. 하나는 유학의 중화 사대주의 관점이고, 다른 하나는 일본 제국주의의 황국사관(皇國 史觀)이다. 황국사관은 고대 야마토왜(大和倭)의 왜왕이 일본뿐만 아니라 고대 한국도 지배했다는 관점이다. 고대 일왕부터 지금의 일왕까지 만세일계라는 왜왕의 시각으로 한국사를 바라본다. 이런 황국사관으로 한국사를 바라본 것이 이른바 식민사관이다. 한국 대학의 사학과와 역사 관련 국가기관은 거의 예외 없이 이 두 사관의 노예가 된 전문가 집단이 차지하고 있다. 이 문제에 관한 한 한국 사회는 1945년 8월 14일에 머물러 있는 것이다. 아직 8월 15일 아침은 밝지 않았다.

2

역사가는 정치에 종속되어서는 안 되지만 정치를 몰라서도 안 된다. 광복 80여 년이 다 되도록 이런 병리적 현상이 계속되는 표면적 이유는 해방 이후 친일 세력이 다시 집권했기 때문이다. 친일 세력의 집권과 함께 역사학계도 같은 길을 걸었다. 1945년 8월 15일 일제의 패망부터 1948년 8월 15일 환국 정부가 수립되기까지의 기간을 해방공간이라고도 말하는데, 이 시기 역사학계에서 벌어진 일이 지금까지 그대로 이어지고 있는 것이다. 해방공간의 역사학자들은 대략 셋으로 분류할 수 있었다. 하나는 독립운동가들의 역사학을 계승한 '민족주의 역사학자들'이고, 다른 하나는 일제강점기 사회주의를 추구했던 '사회주의 역사학자들'인데, 주로 경제사적 관점에서 역사를 연구했기에 '사회경제사학자들'이라고도 불렸다. 마지막이 조선총독 직속의 조선사편수회에서 일본인들의 지도를 받으며 한국사를 난도질했던 '식민사학자들'이었다.

한국 현대사가 프랑스처럼 정상적으로 흘러갔다면 일제강점기 일제와 맞서 싸웠던 민족주의 역사학자들과 사회주의 역사학자들이 한국 역사학계의 주류를 차지했을 것이다. 그러나 친일 세력의 재집권과 남북 분단으로 민족주의 역사학자들은 모두 역사학계에서 제거되었다. 내가 이미『리지린의 고조선 연구』해제에서 밝힌 것처럼 사회주의 계열의 역사학자들은 대거 월북해 북한 역사학계를 형성했다. 남은 것은 조선총독부의 녹을 먹으며 한국사를 난도질했던 이병도, 신석호 등의 식민사학자들이었는데, 이들은 친일 세력의 재집권과 남북 분단 상황을 악용해 남한의 역사학계를 완전히 장악했다. 그 결과, 아직도 남의 눈, 그것도 일본 제국주의의 눈으로 우리를 보는 역사관이 남한 역사학계를 독차지하고 있는 것이다. 근래에 이들은 중화 패권주의 사관을 추종하고 있는데, 이는 남한 강단사학계가 갖고 있는 이념과 인물 구조상 자연스러운 결과다.

한때 모든 공무원 시험의 필독서였던『한국사신론』의 저자 이기백은 한국사의 세 학파를 '민족주의 사학', '유물사관', '실증사학'으로 분류했다. 식민사학이라는 이름표를 떼고 실증사학이라는 새로운 이름표로 바꿔 단 것이다. 이기백은 민족주의 사학과 유물사관을 모두 비판한 후 "실증사학은 한국사의 발전을 어떤 선입견을 가지고 이에 맞추어서 보는 것에 반대하였다. 오히려 실증적인 태도로 객관적인 사실을 정확하게 인식함으로써 한국사의 올바른 이해에 접근할 수 있다고 주장하였다"(『한국사신론』)라고 강변했다. 일제 식민사학이 이름표를 바꿔 단 실증사학만이 옳다는 억지였다. 이렇게 일제 식민사학은 이름표만 실증사학으로 바꿔 단 채 남한 역사학계를 완전히 장악해 오늘에 이르고 있다.

3

우리 사회 대부분의 분야는 이른바 진보와 보수로 갈려 있다. 하지만 강단사학계만은 보수, 진보의 구분도 없이 일제 식민사학 일색이다. 조선사편수회 출신의 이병도, 신석호 등은 일본인들에게 교육받은 전체주의 역사관을 남한 역사학계의 하나뿐인 역사관으로 만들었다. 이들의 역사학계 장악력은 보수, 진보를 뛰어넘는다. 다른 분야의 친일을 성토하던 역사학자들은 정작 이병도·신석호의 친일 문제에 맞닥뜨리면 용비어천가를 부르기 바쁜 상황이다. 2005년부터 2009년까지 대통령 직속으로 활동한 '친일반민족행위진상규명위원회'에서 만든 『친일인명사전』에서는 이병도, 신석호의 이름을 찾을 수 없다. 국가에서 만든 『친일인명사전』에 빠진 두 친일사학자의 이름은 민간단체에서 만든 『친일인명사전』에서 겨우 찾을 수 있는 것이 현실이다.

일제 식민사학은 강단사학계만 장악한 것이 아니었다. 이들은 한국 사회에 막강한 카르텔을 구축했다. 역사학계뿐만 아니라 정치·관료계는 물론 언론계까지 장악하고는 자신들과 다른 목소리를 내는 역사학자들을 배척하고 제거해왔다. 이 카르텔은 남북 분단이라는 숙주를 먹고 기생한다는 특징도 있다. 비단 현대사만이 아니라 고대부터 현대에 이르기까지 역사의 전 시기에서 남한의 역사학과 북한의 역사학이 크게 다른 이유가 여기에 있다.

남한의 대학 사학과를 강단사학자라고 통칭되는 일제 식민사학자들이 거의 100퍼센트 장악한 현실에서 학계에서 거의 유일하게 다른 목소리를 내온 학자가 바로 윤내현 교수였다. 윤내현 교수는 단국대학교 사학과에서 학사·석사·박사과정을 마친 후 하버드대학교 동아시아역사언어학과에서 수학했는데, 이때 북한 학자 리지린의 북경대 박사학위 논문인 『고조선 연구』를 보고 중요한 시사점을 얻은 것으로 알려지고 있다. 윤내현 교수는 귀국 후 그간의 연구 결과를 담은 『고조선 연구』를 간행했는데, 강단사학자들이 국가안전기획부에 간첩 혐의로 신고했다. 리지린의 『고조선 연구』를 보았다는 것이 이유였다. 언필칭 실증사학을 입에 달고 살던 전문가 집단이 『고조선 연구』를 실증적으로 반박하는 대신 안기부에 신고하는 길을 선택했다는 것은 '실증' 운운하는 이들의 주장이 모두 허구임을 말해준다. 또한 이들의 진정한 실체는 학자가 아니라 일제강점기 밀정과 다를 바 없는 존재임을 스스로 말해준 것이기도 하다. 더구나 윤내현의 『고조선 연구』와 리지린의 『고조선 연구』는 그 내용이 다르다. 고조선이 일제 식민사학자들의 주장대로 평안남도 일대의 작은 소국이 아니라 거대한 대륙국가였다는 사실만 같을 뿐 고조선의 서쪽 강역이나 한사군의 위치 등에 대해서는 다른 내용이 많은데도 조선총독부의 교시인 반도사관을 벗어나는 역사관은 용납할 수 없다는 굳은 의지로 안기부에 신고하는 길을 선택한 것이었다.

4

『한국 고대사』는 윤내현 교수가 학자로서 평생 공부했던 정수를 한 권에 요약한 책이다. 1천여 쪽이 훌쩍 넘는『고조선 연구』(상·하)와 900여 쪽에 가까운『한국 열국사 연구』의 방대한 내용이 불과 250여 쪽의 분량에 고스란히 담겨 있다.『고조선 연구』와『한국 열국사 연구』의 방대성은 윤내현 교수가 그만큼 이 분야에 할 말이 많았음을 의미하는데, 이 방대한 내용에 새로운 연구 성과를 담아 특유의 유려한 필체로 서술한 책이다. 이 책의 특징을 한마디로 정리하면 길고, 복잡하고, 수수께끼도 많은 한국 고대사의 계통을 잡는 책이라는 점이다.

『한국 고대사』는 제1부 국가이전시대, 제2부 고조선시대, 제3부 열국시대로 나뉘어 서술된다. 그간 '선사시대'나 '원시시대'라고 명명해왔던 먼 시기를 '국가이전시대'라는 새로운 용어로 대체하면서 무리사회, 마을사회, 마을연맹체사회의 세 단계로 나누어 한민족이 최초의 국가 고조선을 세우기 이전에 어떠한 사회 변화를 겪었는지를 서술하고 있다. 기나긴 국가이전시대를 지나 고조선시대로 접어들었다가 고조선의 거수국이었던 여러 나라들이 독립해 열국시대가 전개되는 상황을 사료에 입각해 서술하고 있다.

이 책은 복잡한 한국 고대사를 일관된 흐름으로 서술하고 있는데, 이는 쉬운 일이 아니다. 시기도 길고 나라도 많은 이 시대를 일관되게, 그것도 압축해서 설명하려면 그 기나긴 기간 동안 우리 역사 속에서 어떤 일이 있었는지를 꿰뚫을 수 있는 방대한 지식이 있어야만 한다. 이는 물론 이런 역사관을 뒷받침하는 수많은 사료들을 숙지하고 있어야만 가능한 것이다. 윤내현 교수는 바로 이런 역사관과 실력을 갖춘 유일한 학자라고 해도 과언이 아니다.

윤내현 교수의 학문 세계를 이른바 강단사학자들과 비교하는 것 자체가 어불성설일 것이다. 윤내현 교수의 학문과 강단사학자들의 그것은 사실 비교 대상도 아니다. 조금 거칠게 정리해서 표현하면 유식과 무식, 문명과 야만의 대결이라고 해도 과언이 아니다. 그래서 그런지 지금 각 대학 사학과에서 학생들에게 윤내현 교수의 책을 보지 말라고 겁박한다는 말이 들린다. 이제는 내 책도 도서 금지 목록에 추가되었다는 말도 들린다. 한마디로 가련한 강단사학계다. 윤내현 교수의 책을 한국의 사학과 학생들이 보면 안 된다고 금지시킨다는 사실처럼 남한 강단사학자들의 실체를 정확히 말해주는 사료도 없을 것이다.

일제강점기는 빼앗긴 영토를 되찾기 위해 싸웠던 영토전쟁의 시기이자 역사 해석을 두고 다투었던 역사전쟁의 시기이기도 했다. 그 역사전쟁에서 우리가 패배하지 않을 수 있었던 것은 백암 박은식, 단재 신채호 선생 같은 학자 겸 독립운동가들이 전면에서 싸웠기 때문이다. 그래서 대한민국은 백암 박은식 선생과 단재 신채호 선생 등 역사전쟁의 선봉에 섰던 선열들에게 큰 빚을 지고 있다. 지금 우리 사회가 윤내현 교수에게 큰 빚을 지고 있다는 사실을 아는 사람들이 많아질수록 우리 역사는 바로 설 것이다. 그런 인식의 확산에 『한국 고대사』가 큰 역할을 할 것으로 믿어 의심치 않는다.

2021년 3월 한가람역사문화연구소에서

후학 이덕일 기(記)

참고문헌

1차 사료

〈광개토대왕비문〉, 『고려사(高麗史)』, 『관자(管子)』, 『구당서(舊唐書)』, 『금본죽서기년(今本竹書紀年)』, 『남사(南史)』, 『맹자(孟子)』, 『사기(史記)』, 『사기조선(史記朝鮮)』, 『삼국사기(三國史記)』, 『삼국유사(三國遺事)』, 『삼국지(三國志)』, 『상서대전(尚書大傳)』, 『신당서(新唐書)』, 『위서(魏書)』, 『일본서기(日本書紀)』, 『일주서(逸周書)』, 『자치통감(資治通鑑)』, 『제왕운기(帝王韻紀)』, 『주기(周紀)』, 『진서(晉書)』, 『한서(漢書)』, 『후한서(後漢書)』.

단행본

김석형, 『초기 조일 관계사』 하, 사회과학출판사, 1988.

김원룡, 『한국 고고학 개설』, 일지사, 1986.

박선희, 『한국 고대 복식』, 지식산업사, 2002.

사회과학원 고고학연구소, 『고조선 문제 연구』, 사회과학출판사, 1963.

사회과학원 역사연구소, 『조선전사 1: 원시편』, 과학백과사전출판사, 1979.

심봉근, 『김해 부원동 유적』, 동아대학교박물관, 1981.

윤내현, 『고조선 연구』, 일지사, 1994.

_____, 『중국의 원시시대』, 단국대학교출판부, 1982.

_____, 『한국 고대사 신론』, 일지사, 1986.

_____, 『한국 열국사 연구』, 지식산업사, 1998.

임효재 · 권학수, 『오산리 유적 1』, 서울대학교박물관, 1984.

임효재 · 이준정, 『오산리 유적 3』, 서울대학교박물관, 1988.

『조선유적유물도감 1: 원시편』, 조선유적유물도감편찬위원회, 1988.

조희승, 『가야사 연구』, 사회과학출판사, 1994.

_____, 『초기 조일 관계사』 상, 사회과학출판사, 1988.

논문

강인구, 「중국 동북 지방의 고분」, 『한국 상고사의 제문제』, 한국정신문화연구원, 1987.

김광억, 「국가 형성에 관한 인류학 이론과 모형」, 『한국사 시민강좌』 제2집, 일조각, 1988.

김상기, 「국사상에 나타난 건국설화의 검토」, 『동방사논총』, 서울대학교출판부, 1984.

_____, 「백제의 요서 경략에 대하여」, 『백산학보』 3호, 1967.

김용간 · 석광준, 「남경 유적에서 나온 낟알을 통하여 본 팽이그릇 주민의 농업」, 『남경 유적에 관한 연구』, 과학백과사전출판사, 1984.

김정기, 「신석기시대의 주생활」, 『한국사론』 17, 국사편찬위원회, 1987.

박진욱, 「비파형단검 문화의 발원지와 그 창조자에 대하여」, 『비파형단검 문화에 관한 연구』, 과학백과사전출판사, 1987.

_____, 「삼국시기의 갑옷과 투구」, 『고고민속』, 1965년 2호, 사회과학원출판사.

서곡정, 「가야와 왜의 문물 교류」, 『가야사론』, 고려대학교 한국학연구소, 1993.

손보기, 「구석기시대의 예술과 신앙」, 『한국사론』 12, 국사편찬위원회, 1983.

_____, 「구석기시대의 인종과 주거지」, 『한국사론』 12, 국사편찬위원회, 1983.

송방송, 「한국 음악의 원류」, 『한민족』 창간호, 한민족학회, 1989.

윤내현, 「고조선의 도읍 위치와 그 이동」, 『단군학 연구』 제7호, 2002.

_____, 「삼한 지역의 사회 변천」, 『백산학보』 35호, 1988.

_____, 「최씨낙랑국 흥망고」, 김문경 교수 정년기념 논총 간행위원회, 『동아시아 연구논총』, 혜안, 1996.

이병도, 「단군설화의 해석과 아사달 문제」, 『한국 고대사 연구』, 박영사, 1981.

이병두, 「중국 고대 군현 위치고(位置考)」, 단국대학교 석사학위 논문, 1987.

이융조, 「구석기시대 편년(編年)」, 『한국사론』 12, 국사편찬위원회, 1983.

이호관 · 조유전, 「양평군 양수리 지석묘」, 『팔당 · 소양댐 수몰지구 유적 발굴 종합조사보고』, 문화재관리국, 1974.

이흥규 · 박경숙, 「한민족의 뿌리」, 『한민족』 창간호, 한민족학회, 1989.

임효재, 「신석기시대 편년」, 『한국사론』 12, 1983.

_____, 「신석기시대 한국과 중국 요령 지방과의 문화적 관련성에 대하여」, 『한국 상고사의 제문제』, 한국정신문화연구원, 1987.

_____, 「한 · 일 문화 교류사의 새로운 발굴 자료」, 『제주 신석기문화의 원류』, 한국신석기연구회, 1995.

정영화, 「전곡리 유적」, 『한국 구석기문화 연구』, 한국정신문화연구원, 1981.

최남선, 「불함문화론」, 『육당 최남선 전집 2』, 현암사, 1973.

최복규, 「중석기문화」, 『한국사론』 12, 국사편찬위원회, 1983.

_____, 「한국과 시베리아의 중석기시대 유적과 문화」, 『고고인류학논총: 손보기 박사 정년기념』, 지식산업사, 1988.

한병삼, 「선사시대 농경문청동기에 대하여」, 『고고미술』 112, 한국미술사학회, 1971.

황기덕, 「무산 범의구석유적 발굴보고」, 고고민속논문집 6, 과학백과사전출판사, 1975.

황기덕 · 김섭연, 「우리나라 고대 야금 기술」, 『고고민속논문집』 8, 과학백과사전출판사, 1983.

황용혼, 「신석기시대의 예술과 신앙」, 『한국사론』 12, 국사편찬위원회, 1983.

국외 자료

吉林省博物館 · 永吉縣文化館, 「吉林永吉星星哨石棺墓第三次發掘」, 『考古學集刊』 3, 中國社會科學出版社, 1983.

譚其讓, 『中國歷史地圖集』, 地圖出版社, 1982.

藤田亮策, 「朝鮮の石器時代」, 『朝鮮考古學研究』, 高桐書院, 1948.

遼寧省文物考古研究所, 「遼寧牛河梁紅山文化"女神廟"與積石塚群發掘簡報」, 『文物』, 1986年 8期.

遼寧省博物館 外, 「長海縣廣鹿島大長山島具丘遺址」, 『考古學報』, 1981年 1期.

李亨求, 『渤海沿岸古代文化之研究』, 臺灣大學校博士學位論文, 1987.

文物編輯委員會, 『文物考古工作三十年』, 文物出版社, 1979.

方殿春 · 劉葆華, 「遼寧阜新縣胡頭溝紅山文化玉器墓發掘」, 『文物』, 1984年 6期.

森爲三, 「豆滿江沿岸發掘野の洪績期動物化石及人類遺品と認むべきそのに就ご」, 『地質學雜誌』 42, 日本地質學會, 1935.

孫守道 · 郭大順, 「遼寧省喀左縣東山嘴紅山文化建築群址發掘簡報」, 『文物』, 1984年 11期.

孫守道 · 郭大順, 「牛河梁紅山文化女神頭像的發現與研究」, 『文物』, 1986年 6期.

楊虎, 「內蒙古敖漢興隆洼遺址發掘簡報」, 『考古』, 1985年 10期.

王增新, 「遼寧撫順市蓮化堡遺址發掘簡報」, 『考古』, 1964年 6期.

趙承澤, 「星星哨石棺墓織物殘片的初步探討」, 『考古學集刊』 3.

中國科學院考古研究所內蒙古工作隊, 「內蒙古巴林左旗富河溝門遺址發掘簡報」, 『考古學報』, 1984年 1期.

中國社會科學院考古研究所, 『新中國的考古發現和研究』, 文物出版社, 1984.

沈陽市文物管理辨公室, 「沈陽新樂遺址試掘報告」, 『考古學報』 1978年 4期.

佟柱臣, 「赤峰東八家石城址勘查記」, 『考古通訊』, 1957年 6期.

韓 · 中合同考古學發掘隊 著, 東北アジア考古學研究會 譯, 『崗上 · 樓上』, 六興出版社, 1986.

Brain M. Fagan, *People of the Earth*, 3rd Ed., Little Brown and Co., 1980.

Chan Girl Park and Kyung-rin Yang, "KAERI Radiocarbon Measurements Ⅲ", *Radiocarbon*, Vol. 16, No. 2, 1974.

Hallam L. Movius, Jr., "Early Man and Pleistocene Stratigraphy in Southern and

Eastern Asia", *Papers of Peabody Museum,* Vol. 19, No. 3, Harvard University, 1994.

Jason W. smith, "The Northeast Asian-Northwest American Microblade Tradition", *Journal of Field Archaeology,* Vol. 1, No. 3/4, 1974.

Kwang-chih Chan, "Shang's Position in evolutionary Schemes", *Shang civilization,* Yale University Press, 1980.

_____, *The Archaeology of Ancient China,* Fourth Edition, Yale University press, 1986.

국가이전시대부터 열국시대까지,
윤내현의 역사 새로 읽기

한국 고대사

초판 1쇄 펴낸 날 2021. 4. 5.

지은이   윤내현
발행인   양진호
책임편집   김진희
편집   박상현
디자인   김민정
발행처   도서출판 │만권당▌

등 록   2014년 6월 27일(제2014-000189호)
주 소   (07207) 서울시 영등포구 양평로21가길 19, 우림라이온스밸리
         B동 512호
전 화   (02) 338-5951~2
팩 스   (02) 338-5953
이메일   mangwonbooks@hanmail.net

ISBN   979-11-88992-13-3 (03910)

ⓒ 윤내현, 2021

이 책은 재단법인 마음동행의 지원으로 제작되었습니다.

값은 뒤표지에 있습니다.
잘못 만들어진 책은 구입하신 서점에서 바꾸어 드립니다.